HEYNE FILMBIBLIOTHEK

DER FANTASY FILM

von NORBERT STRESAU

Originalausgabe

WILHELM HEYNE VERLAG
MÜNCHEN

HEYNE-BUCH Nr. 32/68
im Wilhelm Heyne Verlag, München

Redaktion: Dr. Ulrich Berls

Umschlagfoto: UIP, Frankfurt/Main
Rückseitenfoto: Stiftung Deutsche Kinemathek, Berlin
Innenfotos: Archiv Lothar Just, München
Umschlaggestaltung: Atelier Ingrid Schütz, München
Printed in Germany 1984
Satz: Fotosatz Völkl, Germering
Druck und Verarbeitung: Ebner Ulm

ISBN 3-453-86068-3

Inhalt

Meinen Eltern,
die seit 20 Jahre nicht mehr gemeinsam im Kino waren
und dennoch soviel Verständnis aufbrachten

DANKSAGUNG

Tiefen Dank schulde ich Lothar Just, ohne den dieses Buch nie entstanden wäre; Herrn Korowski und dem gesamten Bibliothekspersonal der Münchner Hochschule für Film und Fernsehen, das mich bei meinen Recherchen tatkräftig unterstützt hat; Wolfgang J. Fuchs für seine Beratung; und last but certainly not least Dr. Vera Sommer, die mir bereitwillig das Archiv des mittlerweile leider eingestellten »Filmbeobachters« zur Verfügung stellte.

Einleitung

Hobbits und Orks, Drachen und fliegende Teppiche, mächtiges Muskelspiel und Zauberschwerter – wohl jeder verbindet mit dem Begriff Fantasy unterschiedliche Vorstellungen, andere Welten und andere Bilder. Wie könnte es auch anders sein? Fantasy umfaßt das grenzenlose Gebiet unserer Einbildungskraft, bedeutet das Wort streng übersetzt doch nichts weiter als Phantasie.

Dennoch läßt sich die Fantasy aufgrund ihrer Sujets natürlich von anderen Spielarten des Phantastischen abgrenzen. Nimmt man die obigen Assoziationen genauer unter die Lupe, so sticht auch tatsächlich eine Gemeinsamkeit ins Auge: das Phantastische äußert sich als Magie, die Basis der Fantasy sind die Märchen und Sagen, ihr Thema die Rückbesinnung. Der romantischen Geisteshaltung entsprungen, huldigt das Genre unverblümt einem Irrationalismus, der heute vielleicht berechtigter ist denn je: Die Wissenschaft ist gescheitert; was bleibt, ist die Hinwendung zur mythisierten Vergangenheit und den traditionellen Werten, die Hoffnung, daß dort die Antworten gefunden werden, die möglicherweise in eine friedlichere Zukunft führen könnten. Politisch ist Fantasy eine sehr konservative Gattung, die jedoch nicht in die »rechte«, sondern in die »grüne« Richtung geht. Und eben deshalb ist sie heute populärer als je zuvor.

Eine Facette dieses Phänomens, jene, auf die sich dieses Buch beschränkt, ist der Fantasy-Film.

Auch hier besteht der grundlegende Schritt zu einer Erfassung zunächst in der Abgrenzung gegenüber den anderen Spielarten des Phantastischen, wie es sich im Kino äußert: Horrorfilme stellen gewöhnlich sexuelle Ängste in den Mittelpunkt, die Palette erotischer Bedrohungen reicht vom vampirischen Lebemann Dracula bis hin zum emanzentö-

tenden Psychokiller unserer Tage. Dagegen befaßt sich der SF-Film (Science-Fiction-Film) in der Regel mit sozialen Neurosen, wie seine kaum verhohlenen Aufrufe zur Kommunistenhatz während des Kalten Krieges und die dystopischen Visionen der Sechziger veranschaulichen. Im Grunde kommentieren also beide Subgenres mehr oder weniger kritisch die Traumen der Zeit, deren Kind sie sind. Dagegen stellt der Fantasy-Film die Flucht in den Mittelpunkt, eine Flucht aus der unbefriedigenden Zivilisation in nicht näher definierte Märchen- und Sagenlandschaften, in eine Ära, wo Mensch und Natur noch eine Einheit bildeten und laut Ernst Bloch »bis ganz hinten ins Paradies hineinzusehen war«. Das Wesen des SF- und Horrorfilms ist also die Bewältigung, jene des Fantasy-Films aber eben Leugnung.
Praktisch begegnet eine solche Pauschalabgrenzung insbesondere durch die Trends im modernen SF-Kino freilich einigen Schwächen. *The Empire Strikes Back* (Das Imperium schlägt zurück, USA 1980) stellt über weite Strecken pure Fantasy dar, während *E.T. – The Extra-Terrestrial* (E.T. – der Außerirdische, USA 1982) mit seinen ausgiebigen »Peter Pan«-Zitaten von vielen Kritikern zu Recht als geniale Fortschreibung des »überkommenen« Märchens in die Zukunft gepriesen wurde. Selbst eines der schönsten Beispiele des phantastischen Kinos entzieht sich der exakten Standortbestimmung: *King Kong* (King Kong und die weiße Frau, USA 1933) beinhaltet neben SF- und Fantasy-Elementen (die Rebellion der Natur gegen den Kolonialismus, die »lost world« auf Skull Island) in Gestalt des potenten schwarzen Gorillas auch eine unverkennbar erotische Bedrohung. Scholes/Rabkin verweisen auf eine Ursache dieser Probleme, wenn sie bemerken, daß SF an ihren Inhalten, Fantasy dagegen an ihren Erzählstrukturen »erkannt« wird. Wo die genauen Grenzen zwischen den Genres gezogen werden, unterliegt daher in hohem Maße der Willkür des Betrachters. Unter den rund 30000 Filmen seiner akribischen Filmographie »Reference Guide To Fantastic Films«

verzeichnet Walt Lee knapp die Hälfte als Fantasy, darunter z. B. auch Federico Fellinis *Satyricon* (Fellinis Satyricon, I/F 1969) oder Pier Paolo Pasolinis *Accatone* (Accatone – Wer nie sein Brot mit Tränen aß, I 1961). Ein Buch, das sich mit dem Fantasy-Film beschäftigt, ist daher schon aus Platzgründen gezwungen, eine gewisse Auswahl zu treffen.
Um allzu große Überschneidungen mit dem Themenband »Science-Fiction« (Filmbibliothek Nr. 54) zu vermeiden, wurden aus der Science-Fantasy daher nur wenige Filme aufgenommen. Speziell sind das *Star Wars* wegen seines Einflusses auf das Fantasy-Genre sowie die »lost world«-Filme, deren literarische Vorlagen zwar Ausprägungen des viktorianischen Kolonialismus darstellen, deren Filmversionen sich jedoch primär in der Konstruktion eines möglichst phantasiereichen Ambiente gefallen.
Generell ausgespart wurden Filme, die sich zum Großteil der Asservatenkiste anderer Genres bedienen; Märchenfilme, bei denen das Phantastische auf die Anthropomorphie ihrer Tierdarsteller reduziert ist; surrealisitische Experimente und Monumentalepen christlicher Thematik; Monsterfilme, in denen prähistorische Fabelwesen ein Kollektiv bedrohen und schließlich auch die sogenannten »mainstream«-Filme. An Beispielen illustriert bedeutet das den Verzicht auf Buñuel, die Tarzan- und Godzilla-Serien, *Raiders Of The Lost Ark* (Jäger des verlorenen Schatzes, USA 1981). *Bambi* (Bambi, USA 1942), *The Ten Commandments* (Die zehn Gebote, USA 1956), *A Midsummer Night's Dream* (USA 1935) und *Det sjunde inseglet* (Das siebente Siegel, Schweden 1957). Gänzlich unberücksichtigt bleibt ferner das weite Feld indischer Fantasy-Filme, die ihre Stoffe zumeist der hinduistischen oder buddhistischen Mythologie entnehmen. Obwohl ein Vergleich zwischen diesen sehr getragenen, überlangen Serienprodukten und ihren westlichen Äquivalenten unter Umständen interessant wäre, verbietet doch ihre völlige Unbekanntheit außerhalb Indiens die Aufnahme in ein einführendes Werk.

Dieses Buch versteht sich in erster Linie als eine Materialsammlung. Es schreibt die Geschichte des Fantasy-Films von der Stummfilmzeit bis heute, stellt die einzelnen Filme vor, bewertet sie qualitativ und versucht, etwas von jenem »sense of wonder« zu vermitteln, der das Genre auszeichnet. Durch die außerordentliche Vielfalt des Genres ließen sich dabei Sprünge in der Chronologie nicht vermeiden. Aus Gründen, die das Buch verständlich machen wird, schien eine strikte Aufgliederung in einzelne Themenkomplexe nach Art von Jeff Rovins »The Fabulous Fantasy Films« dabei jedoch nicht angeraten. Ein Hinweis noch: Die Jahresangaben hinter den jeweiligen Filmtiteln beziehen sich auf das Uraufführungsjahr.
Werner Herzog sagte einmal, daß das Medium Film etwas Vergängliches sei und letztendlich nur die Standbilder bestehen blieben. Nicht nur deshalb ist das Buch mit einer Reihe sorgfältig ausgewählter Fotos illustriert. Denn die Domäne des Fantasy-Films sind vor allem Bilder, große Bilder. Das ist vielleicht seine Schwäche, denn mit den phantasievollen Vorstellungen, die das geschriebene Wort evoziert, kann er nie konkurrieren. Andererseits vermag der Fantasy-Film gerade in der heutigen Zeit einen wesentlichen Beitrag wider die immer weiter fortschreitende Verarmung unserer Bilderkultur zu leisten. Und das ist seine Stärke.

Die Wegbereiter

Es war einmal vor langer Zeit ein Zauberer, der hatte einen lustigen Spitzbart. Und eines Tages entdeckte dieser Zauberer einen gar mächtigen Zauberstab, mit dem sich alle Dinge dieser Welt und noch ein bißchen mehr heraufbeschwören ließen. Sogleich machte er sich daran, mit einigen Zaubersprüchen herumzuexperimentieren ...
So könnte die Geschichte des Fantasy-Kinos beginnen. Der Zauberstab, das war in Wirklichkeit natürlich eine Filmkamera, und der Zauberer hieß mit vollem Namen Georges Méliès. Der Rest der Geschichte aber stimmt.
Während eines Studienaufenthaltes in London wohnte der

Georges Méliès

1861 geborene Sohn eines Schuhfabrikanten und Absolvent der École des Beaux Arts einer Zaubershow bei. Sogleich fasziniert, beschloß Méliès, selbst Illusionist zu werden. Das Glück war ihm hold: 1888 verkaufte ihm die Frau des bekannten Bühnenmagiers Robert Houdin das Theater ihres verstorbenen Mannes. Seine einfallsreichen Zauberkunststücke auf der Bühne, in die er schon bald optische Tricks und Spielereien einbaute, machten Méliès schnell berühmt. Ständig auf der Suche nach neuen Attraktionen stieß er schließlich 1895 auf den Cinematographen der Gebrüder Lumière. Als die sich weigerten, ihm den Apparat zu verkaufen, erstand er kurzerhand einen Bioscope-Projektor und ließ nach dessen Vorbild eine Kamera konstruieren. Fortan gehörten Filme zu seiner Bühnenshow.
Ein Kameraausfall, so erzählt eine Anekdote, führte ihm die bis dahin ungenützten Möglichkeiten des neuen Mediums vor Augen, als sich während der zwangsweisen Drehpause die Szenerie änderte und auf dem entwickelten Film ein Omnibus plötzlich zum Leichenwagen wurde.
Der erste Film, der sich der Stop-Substitution bediente, hieß *Escamotage d'une Dame chez Robert-Houdin* (1896), dauerte ganze 75 Sekunden und zeigte die »magische« Verwandlung einer Frau in ein Skelett. Heute, im Zeitalter der 20-Millionen-Dollar-Effekte, erscheint dieser Trick schrecklich simpel. Damals freilich stellte er ein unglaubliches Novum dar, ließ er sich doch nur mit der Magie des Films erzielen. Ermutigt durch seinen Erfolg, experimentierte Méliès weiter: Dem Vorläufer einer Kamerafahrt in *La Lune à un Mètre* (1890) folgten Versuche mit Mehrfachbelichtungen und sogar Table-Top-Miniaturen, die er in *Eruption volcanique à la Martinique* (1902) zur Simulation eines Vulkanausbruchs benützte. *Le Voyage dans la Lune* (1902) und *À la Conquête du Pôle* (1912) legen die wohl bekanntesten Zeugnisse seiner (natürlich relativ zu sehenden) Reife auf tricktechnischem Gebiet ab.
Méliès aufgrund seiner naiv-fröhlichen Utopien nur zum

›La Royaume des Fées‹ (Frankreich 1903)

Vater des SF-Kinos zu stempeln, hieße jedoch, seine Beiträge zum Fantasy-Film zu vernachlässigen.

Le Royaume des Fées (1903), eines der ehrgeizigsten Projekte des Franzosen, spielt in einem nicht näher bezeichneten Märchenland: Am Hofe eines mächtigen Königs haben sich Menschen und Elfen versammelt, um die bevorstehende Hochzeit zwischen Prinz Belazor (Méliès) und der Prinzessin Azurine zu feiern. Aber die nicht eingeladene böse Fee sinnt auf Rache. Belazor kann nicht verhindern, daß ihre Dämonen Azurine auf ein fernes Schloß entführen. Von einer guten Fee mit einer unbesiegbaren Rüstung ausgestattet, bricht der Prinz an Bord des königlichen Schiffes »Star« (Méliès' Produktionsfirma hieß Star Films) zur Rettung der

Prinzessin auf. Ein weiterer Fluch der bösen Fee läßt das Schiff in einem ungeheuren Sturm kentern und Belazor versinkt mit seinen Vasallen auf den Meeresgrund. Dort erklärt sich König Neptun zur Hilfe bereit. Im Maul eines Pottwals kehren die Männer an die Oberfläche zurück, die Prinzessin wird gerettet, die böse Fee in ein Faß gesteckt und über die Klippen geworfen.

Freizügige Motive aus »Pinocchio« und »The Wizard Of Oz« vermischend, ließ Méliès seiner reichen Phantasie freien Lauf. Barocke Schlafgemächer mit hummerähnlichen Betten, an Doré erinnernde Grotten, die Kabuki-Masken der Dämonen und eine gelungene Modellarbeit trugen zum großen Publikumserfolg dieses 18szenigen Märchens bei. Die mit einfachen Bühnenhilfsmitteln gestalteten Unterwassersequenzen gefielen dabei selbst Méliès so sehr, daß er die Technik in *20000 Lieues sous les Mers* (1907) ein weiteres Mal anwandte.

Recht seltsamen Umständen verdankt ein anderer Film sein Dasein. 1905 hatte Méliès die Bestände einer bankrotten Bühnenkostümfirma aufgekauft und suchte nun nach einer Verwendung für die vielen Kleider. Die Märchenwelt des Morgenlandes kam noch dazu seinem Indien-Faible entgegen, und so erzählte *Le Palais des Mille et Une Nuits* (1905) die phantastischen Erlebnisse eines Prinzen auf der Suche nach einem Schatz, den sich ein Radscha als Preis für die Heirat seiner Tochter ausbedungen hat. Das opulent ausgestattete Spektakel sollte in der Folge manchen Klassiker inspirieren. Walt Disney, Alexander Korda und Ray Harryhausen, um nur einige zu nennen, schöpften aus dem enormen Fundus Mélièsscher Monstren, die sich dieser wiederum aus den verschiedensten Märchen zusammensuchte. Tanzende Skelette und burmesische Höllenhunde gab es da, Lampengeister und Riesenschlangen, genug Material für eine ganze Serie von Fantasy-Filmen.

Méliès' Filme erfreuten sich auf der ganzen Welt großer Beliebtheit. Selbst in Amerika, dessen Regisseure auf Realismus schworen, entstanden zu dieser Zeit mehrere trickreiche Filme. Nach den Comic-Strips von Winsor McCay schilderten beispielsweise *Dream of a Rarebit Fiend* (1906, Regie: Edwin S. Porter) und *Little Nemo* (1909, Regie: J. Stuart Blackman) fantastische Träume, in deren Mittelpunkt ein fliegendes Bett stand.

Dem Aufstieg des Trickkünstlers folgte jedoch ein baldiger Fall. Der Flop von *Cendrillon* (1913), seiner zweiten Verfilmung des Aschenputtel-Märchens, läutete das Ende der Ära Méliès ein.

Finanzielle Gründe hatten ihn schon vor einiger Zeit gezwungen, seine Unabhängigkeit aufzugeben und sich dem Industriegiganten Pathé anzuschließen. Das bedeutete natürlich Verlust der kreativen Kontrolle: Auf Betreiben von Charles Pathé schnitt beispielsweise Méliès' früherer Plagiator und jetziger Pathé-Generaldirektor Ferdinand Zecca *Cendrillon* auf die Hälfte seiner Laufzeit zusammen. Zudem

›Dream of a Rarebit Fiend‹ (USA 1906)

überschattete ein anderes kulturelles Ereignis, die Pariser Uraufführung von Strawinskys kontroversem »Le Sacre du Printemps« die Premiere des im aufblühenden Rationalismus ohnehin unmodern gewordenen Märchens.

Die tiefere Ursache aber liegt wohl in Méliès' Verhältnis zum Film im allgemeinen. Ein erfinderisches Genie, was die tricktechnischen Möglichkeiten des neuen Mediums anbetraf, sah der einstige Theaterzauberer seine Werke doch in erster Linie als Weiterführung seiner Bühnenshow mit anderen Mitteln.

Durch die fixe Kamera und die streng lineare Erzählweise herrschte in seinen Filmen die Guckkastensicht des Theaters vor. Zwar findet sich z. B. in *Le Royaume des Fées* schon das Rudiment eines Gegenschnitts; die eigentliche Entwicklung des Schnitts zu einem der wesentlichen Elemente der Filmsprache sollte allerdings Alfred Porter und später David Wark Griffith vorbehalten bleiben.

In den Augen zeitgenössischer Betrachter verloren die Filme des Franzosen durch ihre stilistische Eintönigkeit bald ihren Reiz: 1923, nach einigen Hungerjahren, mußte Georges Méliès endgültig Konkurs anmelden – ein trauriges Ende für den Mann, der die technischen Grundlagen einer neuen Kunstform erarbeitet und weiterentwickelt hatte: In *Le Royaume des Fées* und *Les Palais des Mille et Une Nuits* war bereits das gesamte Arsenal späterer Fantasy-Filme vorweggenommen, nur war es eben noch nicht »filmisch« aufbereitet.

Méliès hatte wie gesagt seine Filme entlang den Richtlinien einer Jahrmarktsattraktion konzipiert. Sie hatten etwas Neues, nie Dagewesenes zu bieten und waren zugleich spaßig und unterhaltsam. Daß zu diesem Zweck märchenhafte Sujets geeigneter waren als die pessimistischeren Sagenthemen, zeigt sein Gesamtwerk nur zu deutlich. Méliès drehte eine Unmenge von Märchenfilmen, aber nur sehr wenige Filme, die auf mythischen Stoffen basieren. Wandte er sich wie in *Le Tonnere de Jupiter* (1903) oder *L'Ile de Calypso*

(1905) doch einmal den griechischen Sagen zu, erfuhren diese stets eine entsprechend skurril-märchenhafte Aufarbeitung. Der »große« Mythenfilm setzte sich erst durch, als das Kino – dank Méliès – seiner Kinderstube entwachsen war.
Der filmhistorische Ursprung des Heroic-Fantasy-Kinos, wie es heute auch bezeichnet wird, liegt in den frühen italienischen Monumentalepen, die nach dem internationalen Erfolg von *Gli ultimi giorni di Pompei* (1908) in Serie produziert wurden. Pomp und Pathos, ein Hang zum Grandios-Edlen (durchaus typische Elemente der späteren Heroic-Fantasy also) kennzeichneten diese Filme, unter denen sich 1909 und 1911 auch zwei Abhandlungen der Ilias befanden. Beschränkten sich die italienischen Regisseure dabei vornehmlich auf antike Themen, wichen ihre Epigonen in Frankreich und den USA schnell in die Mythologie aus: *Les Douze Travaux d'Hercule* (1910) von Emile Cohl, der erste Zeichentrickfilm zu dem Thema, umfaßte die gesamte Herkules-Sage, während sich der im selben Jahr entstandene Realfilm *Hercules and the Big Stick* auf den Kampf des Helden gegen die Hydra, den nemeischen Löwen und den erymanthischen Eber beschränkte. In Amerika entstanden Filme zur Theseus- und Argonautensage *(The Minotaur,* 1910; *The Golden Fleece,* 1918) sowie ein etwas freierer Zeichentrickfilm von Winsor McCay mit dem Titel *The Centaurs* (1916).
Eine regelrechte Welle antiker Abenteuerfilme mit mythologischem Touch verursachte schließlich der italienische Film *Cabiria* (1914, Regie: Pietro Francesco), ein technisch superber Bilderbogen über den Kampf der Rassen während des Zweiten Punischen Krieges, in dem der herkulische Übermensch Maciste seinen ersten Leinwandauftritt erlebte. Gespielt vom genuesischen Dockarbeiter Bartolomeo Pagano, wurde Maciste danach in einer Reihe von antiken und weniger antiken Stoffen eingesetzt. In dem von Dante beeinflußten *Maciste all' inferno* (1926, Regie: Guido Brignone) beispielsweise entführen Plutos Dämonen den Hel-

den sogar in die Hölle. Bis in die Zeit des Tonfilms hinein entstanden so über dreißig Filme, von denen heute meist nur mehr die Titel bekannt sind.

Der definitive Heroic-Fantasy-Klassiker der Stummfilmzeit kam indes aus einem anderen Land.

Deutschland hatte den Ersten Weltkrieg verloren und befand sich nun auf der Suche nach dem verlorenen Selbstwertgefühl. Aus diesem desolaten Klima heraus, aus der Erinnerung an vergangene Größe, entstand Fritz Langs *Die Nibelungen* (1923/24), einer der wenigen Filme, die den düsteren Unterton der Heldensagen beibehielten und nicht nur mythologisches Abenteuer boten; ein Film, in dem der unschuldige Heros von Intrigen und einem unerbittlichen, übermächtigen »Schicksal« zugrunde gerichtet wurde: »Nach der Niederlage des Ersten Weltkriegs wollte ich den Deutschen dadurch, daß ich ihre berühmte Sage verfilmte, wieder ein gewisses Nationalbewußtsein zurückgeben.« (Fritz Lang)

Der Regisseur weiter zur Entstehung seines Films: »Der Filmarchitekt Otto Hunte und sein Mitarbeiter Kettelhut haben mir für den Film *Die Nibelungen* auf dem Neubabelsberger Gelände Worms und den Rhein, Isenland und Etzels Reich, den deutschen Dom und den deutschen Wald erbaut. Daß ich nach meinem *Mabuse*-Film mit keinem anderen Kameramann als mit Carl Hoffmann arbeiten wollte, verstand sich von selbst. Ich wußte, daß er alles, was ich mir als Maler und Regisseur vom Bildhaften der Nibelungen erträumte, durch seine einzigartige Licht- und Schattengebung wahr machen würde. Günther Rittau experimentierte mit Hoffmann die Nächte hindurch. Walther Ruttmann schuf mir den ›Falkentraum‹. Und was dann aus Technik und Phantasie entstand, das zeigte sich in diesem Film, einem Werk wahrer Gemeinschaftsarbeit, einer Schöpfung, deren Kühnheit die Menschen berauschte.«

Von Siegfrieds Kampf gegen den Zwergenkönig Alberich und den (durchaus echt wirkenden Pappmaché-)Drachen

›Die Nibelungen‹ (Deutschland 1924)

Fafnir, seinem Bad im Blut des erschlagenen Untiers und dem ominösen Lindenblatt über seinen Kampf um Brunhild an Gunthers Stelle, die Doppelhochzeit in Worms, Brunhilds Ränke und Hagens feigem Mord bis hin zu Kriemhilds Rache enthielt Thea von Harbous Drehbuch alle Handlungselemente der Sage. Die Figuren dienten Fritz Lang aber nur als Material für ornamentale Muster; kaum ein filmtheoretisches Werk zwischen Kracauer und Seeßlen, das nicht die klassischen Beispiele aufführen würde: über einen von Komparsen säulengleich gestützten Landungssteg schreitet Brunhild auf Gunthers Schiff; statuengleich sitzen Gunther und seine Gefolgsleute in den symmetrischen Nischen einer enormen Halle.

Die stilisierte Architektur und ein streng geordneter Bildaufbau verstärkten den Eindruck einer vom Schicksal determinierten Handlung. Gewaltige Urlandschaften, in denen

der Mensch winzig und unbedeutend wirkte, wechselten ab mit großräumig-feierlichen Schlössern und gewollt künstlichen Atelierwäldern, die Lang den Bildern Böcklins nachempfunden hatte.
Joseph Goebbels zeigte sich von der »zeitlosen Aktualität« des Films aufs höchste begeistert, sprach doch aus *Die Nibelungen* die Überzeugung, daß eine Bezwingung des Chaos nur durch eine Diktatur möglich sei, wie die Filmhistoriker Ulrich Gregor und Enno Patalas konstatieren. (In der Tat symbolisiert der Drache, jenes beliebte Fantasy-Tier, in den babylonischen und hebräischen Welterschaffungsmythen die magischen Mächte des Urchaos und damit einen Feind, während er, dies nur am Rande, in China als Verkörperung des Yang-Prinzips etwas durchaus Gutes repräsentiert.)
Im übrigen paßten natürlich auch Langs Glorifizierung des Arischen und seine Anordnung des Menschenmaterials in geometrisch exakte, ästhetische Formen genau ins Konzept der nationalsozialistischen Ideologie.
Dem Regisseur des Films deswegen eine durch und durch faschistische Haltung vorzuwerfen, trifft indes nicht ganz den Tatbestand. Lang, der nach seiner Emigration in Hollywood rigoros antifaschistische Filme wie *Man Hunt* (1941) oder *Hangmen Also Die* (1942) inszenieren sollte, war sich der Gefahren durchaus bewußt. In einer Einstellung, in der angekettete Zwerge Alberichs Schatztruhe tragen, deutet sich etwa auch das Unmenschliche einer solchen gewaltsamen Ordnung an. »Zum Kunstgewerbe degeneriert Langs Kunst aber, wann immer sich ihm der Blick für die unlösliche Einheit von Macht und Destruktion trübt« (Gregor/Patalas).
Auf der anderen Seite des Ozeans herrschte eitel Sonnenschein. Amerika hatte den Krieg gewonnen und befand sich nun im wirtschaftlichen Aufschwung. In diesem Klima hatte die Tristesse der *Nibelungen* keinen Platz: Die amerikanischen Fantasy-Filme setzten vielmehr die Mélièssche Tradition des märchenhaften, phantasievollen Fabulierens fort und gefielen sich vor allem im Spiel mit den Tricks.

›Die Nibelungen‹

The Thief of Bagdad (Der Dieb von Bagdad, 1924) ist das wohl berühmteste Beispiel aus dieser Zeit.
Der Film war von vornherein auf Erfolg programmiert. Douglas Fairbanks, der Initiator des Projekts und einer der populärsten Darsteller seiner Zeit, übernahm die Hauptrol-

le. Arthur Edeson, der Mitbegründer der American Society of Cinematographers, wurde als Kameramann, die exotische Julanne Johnston als »love interest« verpflichtet. Zudem scheute Fairbanks, der den Film über seine Firma United Artists mitproduzierte und unter dem Pseudonym Elton Thomas auch das Drehbuch verfaßte, weder Kosten noch Mühen, was teure Sets und exotische Kostüme anbetraf. Regisseur Raoul Walsh schätzte das Budget des orientalischen Märchens auf eine runde Million Dollar, was damals noch ziemlich aus dem Rahmen fiel.
»Die guten Taten seiner Vorfahren mögen dem Menschen von heute als Beispiel dienen, auf daß er erkenne, welch schlimmes Schicksal anderen Menschen widerfuhr, und der damit gewarnt sei«, heißt es in der Einleitung des Films. Dabei sieht das gute Beispiel, das gleich darauf in den Straßen Bagdads sein einnehmendes Wesen treibt, auf den ersten Blick gar nicht so nachahmenswert aus: »Was ich will, das hole ich mir«, erläutert der nonchalante Dieb ohne Namen (Fairbanks) seine Lebensphilosophie, »meine Belohnung erwartet mich in diesem Leben. Das Paradies ist der Traum eines Narren und Allah nur ein Märchen.«
Diese pragmatische, durch und durch amerikanische Einstellung soll ihm auch bei seiner unerfüllten Liebe zur Prinzessin (Johnston) weiterhelfen. Unter Vorspiegelung falscher Tatsachen schmuggelt er sich unverfroren in deren Gemächer. Der Anblick ihrer Schönheit läßt das Lügengebäude allerdings schnell zusammenbrechen, und er gesteht seiner großen Liebe, daß der große Achmed, Prinz der Meeresinseln und sieben Paläste, als der er sich ausgegeben hat, nichts weiter ist als ein gewöhnlicher Dieb. Die gerührte Prinzessin verhilft dem inzwischen Entlarvten zur Flucht und schenkt ihm unter innigen Liebesschwüren ihren Ring.
Als die Prinzessin kurz darauf verkündet, sie werde denjenigen heiraten, der ihr binnen sieben Monden den kostbarsten Schatz der Welt zu Füßen legt, sucht der Dieb in seiner Moschee Rat und Zuspruch. Ein weiser Alter gibt ihm zu ver-

›The Thief of Baghdad‹ (Der Dieb von Bagdad, USA 1924) – Julanne Johnston und Douglas Fairbanks

stehen, daß er das Glück erst verdienen müsse, und so beginnt die phantastische Suche nach einer magischen Wundertruhe.

Der Weg des Diebs führt ihn durch das Tal des Feuers, die Höhle der verzauberten Bäume, auf den Grund des Ozeans, vorbei an Drachen, Riesenfledermäusen und Wasserspinnen. In der Zitadelle des Mondes fündig geworden, eilt er auf einem fliegenden Pferd nach Bagdad zurück und kommt gerade rechtzeitig, um die Stadt vor den anrückenden Horden des mongolischen Prinzen Cham Shang (Sojin) zu bewahren. Mit Zaubersamen aus der Truhe beschwört er eine Armee herauf, Bagdad wird befreit, und die beiden Lieben-

den können auf einem fliegenden Teppich in den Sonnenuntergang entschweben.
Nach seiner Premiere im März 1924 begeisterte *The Thief of Bagdad* Publikum wie Kritik. Großes Lob allerorten ernteten die Spezialeffekte, die der Rezensent der New York Times als erklassige, selbst für geübte Augen schwer durchschaubare Doppelbelichtungstricks pries. Die Qualität der nichtoptischen Effekte freilich war sehr uneinheitlich und mitunter auch für damalige Verhältnisse schlichtweg schlecht. Das fliegende Pferd etwa war nichts weiter als eine Stute mit angeklebten Flügeln, bei der Fledermaus sah man nur zu deutlich die Aufhängdrähte. Andere Effekte, wie z. B. der fliegende Teppich, vermochten dagegen durchaus zu überzeugen. Rückprojektion oder gar die »travelling matte« lagen 1924 noch in ferner Zukunft, und so hing der stahlnetzverstärkte Teppich samt Fairbanks tatsächlich hoch oben in der Luft an einem 25 Meter hohen Kameragalgen.
Trotz aller tricktechnischen Schwächen gelang es dem Film dennoch, eine märchenhafte Stimmung zu evozieren. Neben den exotischen Kostümen kam hier auch William Cameron Menzies' Bauten große Bedeutung zu. Seine stark von der Art Nouveau beeinflußten Sets mit ihren sorgsam konstruierten Oberflächenstrukturen und Treppen, die sich von einer Szene in die nächste wanden, glichen eher beweglichen Bildern denn festen Bauten, was wiederum das Gefühl des Fremdartigen verstärkte. Später sollte Vachel Lindsay den Begriff »architecture in motion« prägen.
Und schließlich war da noch Douglas Fairbanks selbst. Wie man es von ihm erwartete, schlug der Vierzigjährige voller Elan seine Purzelbäume und Saltos durch die auch dafür maßgeschneiderte Szenerie. Gut aussehend, schlitzohrig, loyal und vor allem grenzenlos optimistisch, verkörperte er wie kein Zweiter den »american dream«, wonach dem Tüchtigen die Welt gehörte. »Happiness has to be earned« – das Motto des Films hatte sich auch der Privatmann Fairbanks

zu eigen gemacht: »Erfolg erfordert Glück«, sagte er einmal, »Glück erfordert Enthusiasmus. Der wiederum erfordert Gesundheit, und um gesund zu sein, muß man Körper und Geist fit halten.«
Daß Fairbanks das orientalische Gedankengut der Vorlage mit einer solchen, etwas blauäugig-naiven Heilslehre ausstattete (oder vergewaltigte, wie man's nimmt), lag jedoch nur zum Teil an seinem Image, dem es gerecht zu werden galt. *The Thief of Bagdad* war eben keine Jahrmarktsattraktion à la Méliès mehr, sondern hatte primär als Film zu funktionieren.

›The Thief of Baghdad‹ – der »all-american hero« im Orient

Als Konzession, vielleicht auch als Legitimation für das erwachsene Publikum flossen ab jetzt verstärkt Elemente des bodenständigen Abenteuerkinos ins Genre ein. Die Figuren, die im Märchenfilm nur eine Projektion kindlicher Ängste und Wünsche darstellten, gewannen damit realere Konturen, wurden handfester, amerikanischer auch. Durch die gesamte weitere Geschichte des Genres zog sich ab jetzt das Bemühen, eine Balance zu finden, eine Balance zwischen Abenteuer und Märchen (respektive Mythos, denn die Annäherungsweise von *Die Nibelungen* vermochte sich – vielleicht verständlich – nicht durchzusetzen). Das erhoffte Endresultat war das Entstehen eines »sense of wonder«.
Der Abenteuerfilm in all seiner Variationsbreite (Antikfilm, Ritterfilm etc.) war freilich nicht das einzige Genre, das sein Scherflein zum großen Konglomerat Fantasy zusteuern sollte. Motive aus dem Western wurden in der Folge ebenso vereinnahmt wie Elemente des Horrorkinos. Von all diesen Mischformen als eigene Untergattung etablieren sollte sich aber nur die Science-Fantasy, in der sich Rationales und Irrationales, Phantasie und Wissenschaft auf mitunter reizvolle Weise vereinigten.
Harry O. Hoits *The Lost World* (1925), entstanden nach dem Roman von Arthur Conan Doyle, ist ein typischer Vertreter dieser Gattung: Den Tagebuchaufzeichnungen eines verschollenen Freundes folgend, führt darin der Zoologieprofessor George Edward Challenger (Wallace Beery) eine Expedition an den Fuß eines unzugänglichen Dschungelplateaus im Herzen Südamerikas. Dort soll sich durch die völlige Isolation von der Außenwelt das Leben der Urzeit bis heute erhalten haben. Auf einem riesigen schluchtüberspannenden Baumstamm nach oben gelangt, erschließt sich ihnen tatsächlich eine prähistorische Welt voller ausgestorben geglaubter Tiere. Sie sehen Pteranodons und Tyrannosaurier, werden Zeuge eines Kampfes zwischen zwei Allosauriern und begegnen sogar einem Affenmenschen. Als ein Lavaausbruch das Plateau erschüttert und die Monstren sich in

›The Lost World‹ (USA 1925)

einer wilden Stampede gegenseitig zertrampeln, gelingt den wagemutigen Forschern mit Mühe und Not die Flucht durch ein Höhlensystem. Nur ein abgestürzter Brontosaurier überlebt das Inferno außer ihnen. Challenger verfrachtet das Tier als Beweis nach London. Dort bricht es aus und zertrampelt die halbe Stadt, bevor es schließlich im Meer verschwindet.
Unschwer läßt sich aus dieser Handlung das »schlechte Gewissen der Amerikaner bezüglich der Landnahme« (Weil/Seeßlen) erkennen: Das Eindringen des Forschers in eine

Enklave der Natur, in der sich auf mysteriöse (= magische) Weise urweltliche Dinosaurier (= wissenschaftlich fundierte Drachen) am Leben erhalten haben, katalysiert zugleich deren finale Zerstörung.
Diese Kritik am Kolonialismus trat aber gerade in solchen »lost world«-Geschichten beständig hinter der Lust am phantasievollen Fabulieren, an der liebevollen Gestaltung dieser versunkenen Welten in ihrem magischen Dornröschenschlaf zurück. Selten nur, daß in Filmen dieser Art der Kerngedanke logisch fortgeführt wird und sich die Natur in Form eines urweltlichen Monsters an ihren Mißhandlern rächt. So bestand auch in *The Lost World* die vornehmliche Attraktion in der wundersamen, versunkenen Welt selbst und ihren Bewohnern.
Der Film wurde zum ersten Höhepunkt in der bemerkenswerten Karriere des Tricktechnikers Willis O'Brien, die 1914 mit der lustigen Höhlenkomödie um *The Dinosaur and the Missing Link* begonnen hatte und 1933 mit der symbolbeladenen »Beauty and the Beast«-Geschichte um den Riesenaffen *King Kong* (King Kong und die weiße Frau) ihren Zenit erreichen sollte. Für *The Lost World* animierte O'Brien per Stop-Motion – zwischen den Einzelbildaufnahmen wird die Pose der Figuren geringfügig verändert, so daß im fertigen Film der Eindruck einer fließenden Bewegung entsteht – rund fünfzig verschiedene, dreißig Zentimeter große Modelle, die ihm der mexikanische Bildhauer Marcel Delgado aus Holz, Gummi und Ton konstruiert hatte. Da der optische Printer, ein Gerät zur Kombination mehrerer Filmstreifen, noch nicht erfunden war, mußte er seine Monstren auch gleich in einer entsprechend miniaturisierten Landschaft aufnehmen.
Doppelbelichtung fügte dann, wenn nötig, noch die Schauspieler hinzu. Insgesamt nahm die Produktion zwei Jahre in Anspruch.
Rückblickend waren die Erzählmuster der Fantasy damit bereits in der Stummfilmzeit zur Gänze ausgeprägt.

›The Lost World‹ – ein Brontosaurus in London

Die Märchenfilme

Bedingt durch ihr Publikum gehorchen Märchenfilme natürlich etwas anderen Gesetzen als der Fantasy-Film. Vereinfacht formuliert, projizieren sie kindliche Ängste und Wünsche, sehr häufig etwa den ödipalen Konflikt, in eine irreale Umgebung. Solange die Verschlüsselung dabei korrekt ist, d. h. der kindlichen Vorstellungswelt gerecht wird, erfüllt sie auch ihren pädagogischen Zweck. Eine zu große Annäherung an die Realität wäre hier nicht nur nicht förderlich, sondern sogar schädlich.
Sieht man von diesen unterschiedlichen Intentionen ab, geht es aber auch ihnen um den »sense of wonder«; im Kern steht damit also dasselbe Thema. Nur vermag das Märchen, eben wegen seiner Entrückung von der Realität, diesen »sense of wonder« besser heraufzubeschwören, als es die Fantasy kann. Hilfskonstruktionen hat der Märchenfilm nicht nötig, seine Wunderländer sind weitaus zeitloser und phantasievoller. Auch hier hatte der Stummfilm bereits einen Klassiker hervorgebracht.
Nach dem gleichnamigen Roman von James M. Barrie entstand im Jahre 1924 unter der Regie von Herbert Brenon der Film *Peter Pan*. Als Dank für das Einfangen seines Schattens geleitet der Titelheld, ein ewiger Junge, drei Kinder ins sagenumwobene Nimmerland, wo sie aufregende Abenteuer mit Indianern, dem Piratenkäpt'n Hook und der eifersüchtigen Fee Tinkerbell erleben. Technisch war der Film noch durchaus unvollkommen. James Wong Howes Kameraführung orientierte sich recht häufig am Mélièsschen Vorbild, und das Krokodil, das Peters Erzfeind Hook verfolgt, war überdeutlich als Mann im Kostüm zu entlarven. Dagegen vermochten die Flugszenen für damalige Verhältnisse durchaus zu überzeugen.

›Peter Pan‹ (USA 1924)

Letztendlich hing aber alles von der Geschichte selbst ab, und die war längst zum Klassiker der Märchenliteratur geworden: »Mit erstaunlicher Einfühlung in die kindliche Phantasie beschwört Barrie eine Welt, in der Wunsch- und Alpträume, Freuden und Ängste Gestalt annehmen, in der aber bei den heftigsten Kämpfen kein Blut fließt, die schlimmsten Feinde nicht triumphieren dürfen und immer alles zu einem guten Ende kommt. Es ist eine Welt, die aus dem Traum, Müttern und Gouvernanten nicht mehr gehorchen zu müssen, hervorgegangen ist, eine Welt, die für die träumenden Kinder der Realität nie zu nahe kommen darf. Für den ewig knabenhaften Peter Pan dagegen ist sie die einzige Realität, denn er verleugnet, daß das wirkliche Leben ›ein enormes Abenteuer‹ ist.« (Jerome von Gebsattel)
In die wohl absurdeste Welt der Märchenliteratur entführte Norman McLeods *Alice in Wonderland* (USA 1933) nach

dem gleichnamigen Roman von Lewis Carroll. Durch ein Hasenloch stürzt die zwölfjährige Alice in eine Traumlandschaft, wo Babys sich in Schweine verwandeln und man in seinen eigenen Tränen schwimmen kann. Alice begegnet dem menschlichen Ei Humpty Dumpty, der ständig verschwindenden Cheshire-Katze und anderen seltsamen Gestalten. Als sie vor dem königlichen Gericht nicht aussagen will und die lebenden Spielkarten drohen, ihr den Kopf abzuschneiden, erwacht Alice aus ihrem Traum.
An der Seite von Charlotte Henry in der Titelrolle agierten eine Reihe von Stars, was von der Werbung auch weidlich ausgeschlachtet wurde. W. C. Fields spielte Humpty Dumpty, Gary Cooper den weißen Ritter, und als Ochse intonierte Cary Grant einen traurigen Gesang über »schöne, schöne Suppe«. Nichtsdestotrotz war das Resultat enttäuschend. Zum einen steckten all die groß angekündigten Stars in aufwendigen, alles verhüllenden Masken und spielten deshalb reichlich hölzern. Zum anderen erdrückten eine in sich selbst verliebte Tricktechnik und William Cameron Menzies' kunstvoll verwundene Bauten die nur schwer greifbare Phantasie der Romanvorlage. Wie in Bud Pollards zwei Jahre zuvor entstandener Version zeigte sich jetzt auch in Norman McLeods Fassung, wie schwierig Lewis Carroll zu verfilmen ist.
Ihr nächstes Leinwandmärchen führte Charlotte Henry aus dem Wunderland ins Spielzeugland, wo sie sich dank (oder trotz) der Hilfe von Stan Laurel und Oliver Hardy den Gelüsten des bösen Silas Barnaby (Henry Brandon) erwehrte. Nach der gleichnamigen Operette von Glen MacDonough und Victor Herbert schilderte *Babes in Toyland* (USA 1934, Regie: Charles Rogers und Gus Meins) Stan und Ollies Bemühungen, Barnaby die Hypothek für das Haus der Witwe Peep abzuluchsen, auf daß ihr Töchterlein Bo-Peep (Henry) den finstren Schurken nicht heiraten muß. Schließlich greift Barnaby zu einem drastischen Mittel. Er hängt Bo-Pees großer Liebe Tom-Tom (Felix Knight) eine Entführung an und

70 MINUTES OF MUSICAL EXTRAVAGANZA
GAY WITH MUSIC...LAUGHTER AND SPECTACLE!
Stan LAUREL Oliver HARDY
Their BIGGEST FULL LENGTH COMEDY SUCCESS!
70 MINUTES OF HILARIOUS LAUGHTER AND WONDERFUL MUSIC!
MARCH OF THE WOODEN SOLDIERS
with
CHARLOTTE HENRY
FELIX KNIGHT
MARIE WILSON
Directed by GUS MEINS and CHARLES ROGERS
released by LIPPERT PICTURES, Inc.

läßt ihn nach Bogeyland verbannen. Bald danach decken Stan und Ollie die Missetat auf. Barnaby schwört Rache und hetzt eine Horde dämonischer Bogeymänner gen Spielzeugland. Nun zahlt sich Stans Schusseligkeit aus, der vor kurzem eine Bestellung des Weihnachtsmannes durcheinandergebracht hatte. Die anstelle der 600 ein-Fuß-großen Spielzeugsoldaten produzierten 100 sechs-Fuß-Großen werden aufgezogen und marschieren gegen den Feind. Nach der siegreichen Schlacht will Ollie den flüchtenden Bogeymännern noch eine Kanonenladung Pfeile hinterherschießen. In wessen wertvollstem Körperteil die Pfeile dann tatsächlich landen, braucht wohl nicht erwähnt zu werden.
Trotz solcher herrlich komischer Szenen wirkt manches an diesem phantasievollen Film recht schreckenerregend. Die Bogeymänner, die ein wenig den Orks in Bakshis *Lord of the Rings* gleichen, sollen sogar der Grund dafür gewesen sein, weshalb das ZDF den Film seinerzeit als einzigen aus seiner Laurel + Hardy-Reihe strich. Man mag darüber spekulieren, ob die vielen Horrorfilme jener Zeit einen gewissen Einfluß auf *Babes in Toyland* ausübten. Die Meinung aber, daß Märchenfilme statt Monstren aus dem kindlichen Unterbewußtsein gefälligst kunterbunte Saccharintinkturen zu bieten haben, herrscht offenbar noch heute vor, obwohl die Schäden einer solchen Es-Verdrängung inzwischen längst dokumentiert sind. Wesentlich zu dieser Meinung beigetragen hat Walt Disney, der seit seinem ungeheuer erfolgreichen Zeichentrickfilm *Snow White and the Seven Dwarfs* (Schneewittchen und die sieben Zwerge, USA 1937) die Verniedlichung zum Prinzip seiner Filme machte. Von ihm später mehr.
Der letzte große Märchenfilm für lange Jahre, in dem dieser Einfluß noch nicht durchschimmerte, ist zugleich einer der schönsten, den Hollywood je hervorgebracht hat.
1937 – die Weltwirtschaftskrise war dank Roosevelt vergessen – beschloß MGM, L. Frank Baums »The Wizard of Oz« neu zu verfilmen. Eine Stummfilmfassung hatte es 1924 be-

reits gegeben. Dorothy Dwan spielte damals die Dorothy, in einer Nebenrolle sah man Oliver Hardy als Zinnmann. Dieses Mal sollte Shirley Temple die Hauptrolle übernehmen. Der Kinderstar freilich war bei der Konkurrenz unter Vertrag, und ein zu jener Zeit recht üblicher Menschenhandel nahm seinen Anfang. Tausche Shirley Temple gegen Jean Harlow und Clark Gable, hieß das Angebot der Fox, aber der Deal platzte mit Jean Harlows plötzlichem Tod. Schließlich bekam Judy Garland die Rolle, erntete den Weltruhm und einen Ehrenoscar als beste jugendliche Darstellerin des Jahres.
Victor Flemings *The Wizard of Oz* (Das zauberhafte Land, USA 1939) ist ein glänzend gespieltes Musterbeispiel für die Funktionsweise von Märchen.
Am Ausgangspunkt des Films steht für Dorothy, die Farmerstochter aus Kansas, eine kleine Krise, wie sie wohl jedes Kind so oder ähnlich bereits erlebt hat: Ihr Hund Toto hat die reiche Miß Gulch gebissen und soll nun eingeschläfert werden. Ihre Pflegeeltern vermögen nichts gegen die drohende Katastrophe auszurichten, die drei Farmgehilfen warten nur mit zwar einleuchtenden, für Dorothy aber unbrauchbaren Ratschlägen auf. Die enttäuschte Dorothy weiß sich keinen anderen Rat mehr und reißt aus.
Die reale Flucht vor ihren Problemen scheitert natürlich, muß scheitern, wie sie selbst sehr schnell einsieht. Kurz vor ihrer Rückkehr bricht jedoch ein Wirbelsturm los. Dorothy schafft es gerade noch bis in ihr Zimmer, wo sie von einem auffliegenden Fenster getroffen wird und in eine tiefe Ohnmacht sinkt. In ihrem phantastischen Traum, der den Hauptteil des Films füllt, verarbeitet sie das Problem ein weiteres Mal, nun aber so, wie es sich ihrer kindlichen Vorstellungswelt präsentiert. Sehr bezeichnend sind hier die Doppelrollen vieler Schauspieler; Margaret Hamilton etwa spielt Miß Gulch und die böse Hexe.
Mit Dorothys erstem Blick auf das sonderbare Land, in das der Sturm das Haus getragen hat, kommt auch Technicolor

in den bislang schwarzweißen Film. »Toto, es scheint mir, als ob wir nicht mehr in Kansas wären«, meint sie, als eine rosa Kugel zur Landung ansetzt und sich in Glinda (Billie Burke), die gute Hexe des Nordens, verwandelt. Beim unsanften Niedergang hat Dorothys Haus die böse Hexe des Ostens zerquetscht, und nun wissen Glindas Schützlinge, die Bewohner des Zwergenlandes, nicht so recht, was sie mit der neuen Hexe anfangen sollen. Die verdutzte Dorothy klärt alles auf. Sämtliche Zwerge kommen aus ihren Verstecken und feiern ihre Nationalheldin mit frohem Tanz und Gesang.
Plötzlich schießt eine rote Rauchwolke empor. Die grünhäutige Hexe des Westens will die Zauberschuhe ihrer toten Schwester abholen, doch die hat Glinda bereits an Dorothys Füße gezaubert. Unter Racheschwüren fliegt sie davon. Um diesen mächtigen Feind nicht länger herauszufordern, rät Glinda Dorothy zur Rückkehr nach Kansas. Der große Zauberer von Oz könne ihr dabei behilflich sein. Dorothy macht sich auf die Reise in die Smaragdene Stadt, immer dem gelben Steinweg nach. Drei seltsame Gestalten, hinter denen sich natürlich die drei Farmgehilfen verbergen, schließen sich ihr an: eine Vogelscheuche (Roy Bolger), die den Zauberer um Verstand bitten möchte; ein Zinnmann (Jack Haley) auf der Suche nach einem Herzen; ein feiger Löwe (Bert Lahr), dem es an Courage fehlt. Nach einem beinahe tödlichen Schlaf in einem riesigen Mohnfeld gelangt das Quartett schließlich in die Smaragdene Stadt. An die Erfüllung ihrer Wünsche knüpft der mächtige Zauberer von Oz (Frank Morgan) jedoch eine Bedingung. Zuerst müssen die vier den fliegenden Besen der bösen Westhexe beschaffen.
Sie machen sich zum Spukwald auf, wo Dorothy und Toto von einer Truppe fliegender Affen ins Hexenschloß entführt werden. Der Rettungsversuch der drei anderen mißlingt. Als sich die böse Hexe bereits daranmacht, die Vogelscheuche zu verbrennen, übergießt sie Dorothy beim Löschversuch versehentlich mit einem Eimer Wasser. Die Hexe läuft

›The Wizard of Oz‹ (Das zauberhafte Land, USA 1939) – der Zauberer (Frank Morgan) kurz vor seinem Abflug

ein und stirbt. Damit hat Dorothy ihre Phantasien ausgelebt. Mit ihrem Inneren ins Reine gekommen, benötigt sie nun auch das Märchenland nicht länger. Auf ebenso magische Weise, wie sie hergekommen war, kehrt sie in die schwarzweiße Realität zurück, wo sie als Ergebnis ihrer Märchentherapie den Pflegeeltern freudestrahlend verkündet, daß es doch »nirgends schöner als zu Hause sei«.
Der Märchencharakter dieser Geschichte fand seine Entsprechung in der formalen Gestaltung. Zwerge wohnten in pilzförmigen Hütten, im verdorrten Spukwald grinsten Totenschädel zum Käuzchenruf, und in einer Corman-gleichen

Aufnahme sah man das finstre Hexenschloß hoch oben auf einer Klippe stehend, umkreist von Margaret Hamilton auf ihrem fliegenden Besen – beinahe ein Querschnitt durch sämtliche Märchenbuch-Illustrationen. Der plötzliche Wechsel von Schwarzweiß auf Technicolor erleichterte den Einstieg in die Zauberwelt dieses völlig künstlichen Studio-Oz (Bauten: Cedric Gibbons und William A. Horning), auch wenn die perspektivischen Glasgemälde von Arnold Gillespie heute unschwer als solche zu entlarven sind.
Die technische Meisterleistung des Films boten indes die Maskenbildner, die aus Wally Westmores Fehlern bei *Alice in Wonderland* gelernt hatten. Jack Dwan, der die Masken für die Vogelscheuche, den Zinnmann und den Löwen entwarf, legte großen Wert darauf, das Gesicht des jeweiligen Schauspielers nicht unkenntlich zu machen. Um Bert Lahr in einen Löwen zu verwandeln, wurde eine Glatzenkappe über sein Haar gestülpt, die echten Augenbrauen mit Seide bedeckt und mit künstlichen überklebt. Eine katzenähnliche Latexmaske komplett mit schwarzen Schnurrhaaren war für seine wulstige Lippe verantwortlich, die Löwenohren waren an der Perücke festgenäht. Sein Kostüm bestand aus echtem Löwenfell und wog mehr als zwanzig Kilo. Das Schwanzwedeln besorgte man mit einer Angelrute. Auch Ray Bolger trug eine Latexmaske, die mit ihrem verschrumpelten Aussehen Sackleinwand vortäuschen sollte. Am Hals wurde die Maske mit einem Seil zugebunden und Strohfäden guckten darunter hervor. Jack Haley wiederum steckte in einem Metallkostüm, in das man ihn regelrecht einschweißen mußte. Nieten an der Schläfe hielten den Blechhut, die Nase und die beweglichen Zinnbacken an ihrem Platz, der Rest seines Gesichtes wurde schließlich dick mit silberblauem Make-up bedeckt. Wie Judy Garland sollten auch Harley, Lahr und Bolger noch lange Zeit danach mit ihren Rollen in *The Wizard of Oz* identifiziert werden.
Angesichts der Beliebtheit des Fleming-Films ist es eigentlich erstaunlich, daß Dorothy erst 1971 zu einer *Journey*

›The Wizard of Oz‹ – Bert Lahr, Judy Garland, Jack Haley und Ray Bolger

Back to Oz (Regie: Hal Sutherland) aufbrach. Erneut von einem Wirbelsturm ins zauberhafte Land getragen, erfährt sie dort, daß die böse Hexe Mombi mit ihren grünen Zauberelefanten auf dem Weg in die Smaragdene Stadt ist. Dorothy will ihren alten Freund und jetzigen König von Oz, die Vogelscheuche, warnen, kommt aber zu spät. Mombi erobert die Stadt und nimmt Toto und die Vogelscheuche gefangen. In dieser verfahrenen Situation rät der furchtsame Löwe, die gute Fee um Hilfe zu bitten. Glinda schenkt Dorothy einen schwarzen Kasten, aus dem eine Horde Mäuse hervorspringt. Die Elefanten flüchten trompetend und zer-

›The Wiz‹ – die Smaragdene Stadt anno 1978

trampeln Mombi, die sich aus Furcht vor Entdeckung in eine Rose verwandelt hat.
Selbstvertrauen und Liebe siegen immer, diese simple Moralinspritze des Zeichentrickfilms verfehlte ihre Wirkung in den krisengeschüttelten Siebzigern allerdings total. Hinzu kamen ein mäßiges Drehbuch, schwunglose Lieder und ein altmodischer Animationsstil, der an eine schlechte Kopie von Disneys *Snow White* erinnerte. Da zudem Liza Minelli, Judy Garlands Tochter, die Rolle der Dorothy sprach, wurde der Schatten des unerreichten Vorbilds übermächtig. Sang- und klanglos verschwand die US-Fernsehproduktion aus den europäischen Kinos.
Sieben Jahre später grassierte das *Saturday Night Fever*. Mu-

sicals waren plötzlich wieder in, und eine Broadway-Produktion nach der anderen kam auf die Leinwand. Motown befand, daß Geoffrey Holders siebenfach tonygekröntes, schwarzes Musical »The Wiz« ein ideales Vehikel für seine beiden größten Plattenstars darstellte und gab grünes Licht für Sidney Lumets *The Wiz* (1978).
Film wie Vorlage stellten Baums Märchen in eine moderne Umgebung. Zu den Discoklängen von »Ease On Down the Road« folgten Dorothy (Diana Ross) und die Vogelscheuche (Michael Jackson) nun dem gelben Steinweg aus den Slums von Harlem ins lebensfroh glitzernde Manhattan, wo ein »hip and jivetalkin'«-Zauberer (Richard Pryor) in den knallbunt angestrahlten Türmen des World Trade Center residierte.

›The Wiz‹ – Nipsey Russell, Michael Jackson, Diana Ross, Ted Ross

Was dem Film an Charme, schauspielerischem Talent und choreographischen Einfällen abging, ersetzte er durch 24 Millionen Dollar teure Schauwerte. Von einem hudsonüberspannenden Notenschlüssel über die beinahe lebendigen Vergnügungsparks auf Coney Island bis hin zu unheimlichen U-Bahn-Schächten voll menschenfressender Mülltonnen und schlängelnder Elektrokabel schufen Ausstatter Tony Walton und Tricktechniker Albert J. Whitlock ein phantastisch verfremdetes New York. Sogar die Geröllhalden der Bronx strahlten in diesem mythisch überhöhten Stadtbild noch düstere Romantik aus.
Seinen Reiz erschloß das monströse Discomärchen jedoch nur einem sehr speziellen Publikum. War *The Wiz* schon in den USA ein eher mäßiger Erfolg, floppte er in der alten Welt total. Als typischer Bestandteil der amerikanischen Kultur lebt die Geschichte vom Zauberer von Oz allerdings trotzdem weiter – selbst in manchen SF-Filmen, wie schon ein flüchtiger Blick aufs Gesicht des Master Control Programs in Steven Lisbergers *Tron* (Tron, USA 1982) beweist.
Zurück ins Jahr 1940: Kurz nach der Premiere von *The Wizard of Oz* brachte MGMs Konkurrenz Walter Langs *The Bluebird* mit Shirley Temple heraus. Wohl nicht ganz zufällig ähnelten sich beide Filme frappierend. Hier wie dort geht es um eine Mission im Märchenland, hier wie dort begleiten merkwürdige Figuren (hier sind es Eddie Collins und Gale Sondergaard als Hund und Katze) die Protagonisten, hier wie dort beginnt der Film mit einem schwarzweißen Prolog.
Sehr getragen erzählt Langs etwas vereinfachte Fassung des Maeterlinck-Stücks von der Suche zweier Holzfällerkinder nach dem blauen Vogel der Glückseligkeit. Sie durchschreiten das Land der Erinnerung und die Welt der Ungeborenen, werden vom Land des Luxus in Versuchung geführt, aber der Vogel ist nicht zu fassen. Mal entwischt er oder stirbt, mal ändert er seine Farbe. Wie Dorothy finden die beiden schließlich das Glück, die himmelblaue Taube, im eigenen Hinterhof.

›La Belle et la Bete‹ (Es war einmal ..., Frankreich 1946) – Josette Day und Jean Marais

Mit seinem einfallsreichen Skript und einer bemerkenswerten Ausstattung *The Wizard of Oz* in mancher Hinsicht sicherlich überlegen, litt der Film doch erheblich an seinen schwachen Darstellern und dem pessimistischen Unterbau seiner Geschichte, der in der Krisenzeit vor Amerikas Eintritt in den 2. Weltkrieg wenig Resonanz fand.
Dem Schrecken des 2. Weltkriegs selbst hatten die konventionellen Märchenfilme dann nichts mehr entgegenzusetzen. Den Mut zu einem radikalen Bruch mit den Traditionen

brachte nur der französische Regisseur Jean Cocteau auf, der in den letzten Kriegstagen im Loire-Tal eine einzigartige Abhandlung des »Beauty and the Beast«-Mythos abdrehte. Inhaltlich hält sich *La Belle et la Bête* (Es war einmal ..., F 1946) an die Vorlage der Madame Leprince de Beaumont und erzählt die klassische Geschichte von der schönen Bella (Josette Day), die sich für ihren Vater einem Ungeheuer (Jean Marais) opfert, nur um durch ihre Schönheit und langsam aufblühende Liebe das Ungeheuer so zu verzaubern, das es am Ende erlöst wird. Dennoch ist der Film mehr als nur ein Märchen, mehr auch als bloße Horror-Fantasy. Cocteau steht weit außerhalb des Genres, er nähert sich dem Sujet auf eine innovative, befremdliche, aber auch faszinierende, zudem überaus persönliche Weise – eine detaillierte Analyse würde den Rahmen dieses Bandes sprengen. »Die gesamte Ästhetik – und ebenso die Moral – von *La Belle et la Bête* kann in einer Definition zusammengefaßt werden: Es gilt, den Feen, dem Romantischen, den überzüchteten und schlau ersonnenen Phantasien, den Nebeln und Schemen konventioneller Unwirklichkeit zu entkommen, will man das Märchenland, seine Poesie und Wunder heraufbeschwören. Cocteau läßt es uns durch Starrheit, Ordnung, Natürlichkeit, Schönheit, klare Linien oder zahmen Barock und seine Perfektion der Harmonie und der Erzählrhythmen erkennen.« (René Gilson)
Cocteaus geniale Annäherung an die klassischen Märchen vermochte sich jedoch, vielleicht gerade wegen ihrer Genialität, nicht durchzusetzen. Selbst die direkten Remakes handelten den Stoff ungleich plumper ab: Edward D. Cahns *Beauty and the Beast* (Die Schönheit und das Ungeheuer, USA 1963) konzentrierte sich auf den Horroranteil und brachte lediglich eine banale Werwolfstory zustande, während Walerian Borowczyks *La bête,* (F 1975) die Symbolik des Bestialischen betonte und weniger ein Märchen denn einen mitunter recht handfesten erotischen Film darstellt.
In den Fünfzigern war man bereits wieder beim Vorkriegs-

standard angelangt. Zudem machte sich nun, als der europäische Markt wieder zur Verfügung stand, Disneys Märchenmonopol stärker denn je bemerkbar. Produzenten und Regisseure scheuten den direkten Vergleich und ließen

größtenteils die Finger von Kindermärchen, oder sie versuchten (ohne große Resonanz), Disney zu imitieren. *The Dragon of Pendragon Castle* (Das Drachenschloß, GB 1950, Regie: John Baxter), der knallbunte Puppentrickfilm *Hansel and Gretel* (Hänsel und Gretel, USA 1954, Regie: John Paul), Charles Walters' Filmballett *The Glass Slipper* (Prinzessin Cinderella, USA 1955) und die zahllosen deutschen Märchenfilme jener Zeit fallen unter diese Kategorie.
Interessant ist ein Vergleich dieser recht bieder inszenierten Filme mit ihren russischen Pendants. Dabei muß natürlich berücksichtigt werden, daß nur wenige davon den Weg in den Westen fanden. Formalästhetisch diskussionswürdige Werke, wie das in Cannes 1946 als bester Farbfilm ausgezeichnete Ural-Märchen *Kamenny zvetok* (Die steinerne Blume, 1946) und die Rimski Korsakow-Verfilmung *Sadko* (Sadkos Abenteuer, 1952), beide insenziert von Alexander Ptuschko, sind wohl selbst in der UdSSR eher die Ausnahme als die Regel. Mit ihrem starken nationalen Pathos und der Betonung folkloristischer Elemente sind sie jedoch recht typisch für den sowjetischen Märchenfilm.
Nicht aus Selbstzweck strebt der junge Steinmetz Danilo (W. Drushnikow) in *Kamenny zvetok* nach künstlerischer Vollkommenheit, sondern in der Hoffnung, seinem Land damit zur Ehre zu gereichen. Zu diesem Zweck versagt er sich während der Hochzeit sogar seiner Braut Katja (E. Derewschtschikowa) und folgt dem Ruf der Herrin des Kupferbergs (Tamara Makarowa). Im unterirdischen Reich der Bergkönigin, das wie ein zur gläsern-künstlichen Wirklichkeit gewordener Mineralogentraum wirkt, offenbart ihm die steinerne Wunderblume das Geheimnis höchster Kunst. Er meißelt aus Stein eine Vase in der Form einer Blume, die in lebendiger Schönheit erstrahlt. Die Macht der Liebe und die Treue zu seiner Braut schenken Danilo schließlich einen zweiten Sieg. Die Besitzerin des Kupferbergs gibt ihm die Freiheit wieder, und er kehrt in sein Dorf zurück.
Begnügte sich *Kamenny zvetok* noch mit einem Hohelied

›Sadko‹ (Sadkos Abenteuer, UdSSR 1952) – am Hofe des Meerkönigs

auf die urwüchsige Lebensart uralischer Landarbeiter, diskriminierte *Sadko* im gleichen Atemzug andere Wertsysteme. Einmal mehr zieht der Held der Geschichte, eine Art zitherspielender Robin Hood (S. Stoljarow), auf der Suche nach dem Glücksvogel durch die Lande. Im rauhen Norden trifft er auf kriegshetzende Arier, in Indien auf den Wundervogel Phönix, der als Verkörperung östlicher Mentalität seinen Landsleuten ein kontemplatives Dasein ohne Arbeit predigt. Nach einem humorigen Intermezzo mit frivolen Seepferdchen und einem tanzenden Tintenfisch am Hofe des Meerkönigs kehrt Sadko nach Hause zurück. Das Glück

ist nur dort, inmitten seines Volkes und in den Armen seiner geliebten Frau, zu finden.
Ungeachtet ihres ideologischen Gehalts, den Ptuschko ohnehin längst nicht so herauskehrt wie etwa Wolfgang Staudte in *Die Geschichte des kleinen Muck* (DDR 1954), erfüllen beide Filme ihre Funktion als Kindermärchen. Mit ihrer immens stilisierten Farbdramaturgie, dem bühnentheatralischen Spiel der Darsteller, der verschwenderischen, in ihrer völligen Künstlichkeit naiv anmutenden Ausstattung und den ebenso simplen Trickaufnahmen sind sie überaus feinfühlig auf eine kindliche Vorstellungswelt zugeschnitten.
Auch im Westen gab es einige interessante Versuche: Der Zeichentrickfilm *La bergère et le ramoneur* (F 1953), eine »Parabel auf Macht und ihren Mißbrauch« (Anne Frederiksen), bestach vor allem durch die surrealistischen Kulissen, vor denen Hans Christian Andersens Geschichte von der Schäferin und dem Schornsteinfeger, dem bösen König und dem hilfreichen großen Vogel ablief. Regisseur Paul Grimault hatte es verstanden, einen eigenen, sehr poetischen Stil zu entwickeln, der nicht versuchte, sich an Disney anzulehnen. Trotzdem war er vom fertigen Film entsetzt, hatte sich doch der Produzent eigenmächtig in die Arbeit eingemischt und eine völlig entstellte Fassung auf den Markt gebracht. Die weitere Geschichte verlief reichlich kurios: 1966 erwarben Grimault und Drehbuchautor Jacques Prévert die Rechte zurück und überarbeiteten den Film noch einmal. Unter dem neuen Titel *Le roi et l'oiseau* (Der König und der Vogel) kam er schließlich 1980 erneut in die Kinos, um einige SF-Motive bereichert, die sich eher schlecht als recht in die originale Geschichte einfügten.
Sieht man von *The Three Worlds of Gulliver* (Herr der drei Welten, USA/Spanien 1959, Regie: Jack Sher) ab, in dem Ray Harryhausen die Swiftsche Sozialutopie um einige Stop-Motion-Monstren bereicherte und den Film damit konventionellen Märchen annäherte, brachte aber auch Amerika einen »Nicht-Disney«-Klassiker hervor.

Bereits in den Vierzigern hatte George Pal für Paramount eine Reihe kurzer Puppentrickfilme, sogenannte Puppetoons, produziert und animiert – mit großem Erfolg. Als er sich 1957 mit rund 2000 Skizzen zu einem neuen, größeren Puppetoon-Projekt seinen Geldgebern in spe stellte, hatte er allerdings keine großen Hoffnungen. Pal wußte nur zu gut, daß sich die Studios kaum mehr für Märchenfilme interessierten.
Zu seiner Überraschung aber akzeptierte MGM – unter einer Bedingung: *tom thumb* (Der kleine Däumling, USA/GB 1958) durfte nicht mehr als eine Million Dollar kosten. Deshalb entschied sich Pal, selbst Regie zu führen; es war einfach zu umständlich und teuer, einen unerfahrenen Regisseur an die Tricksequenzen zu lassen. Denn gerade Spezi-

›tom thumb‹ (Der kleine Däumling, USA/England 1958)

aleffekte hatte der Film wirklich nötig: Eines Nachts steht ein 15 Zentimeter großer Zwerg (Russ Tamblyn) vor der Tür des armen Holzfällerehepaares Jonathan (Bernhard Miles) und Anna (Jessie Matthews). Die Königin des Waldes (June Thorburn) hatte den Wunsch der beiden – »ein Kind, und sei es nur so groß wie ein Daumen« – zu wörtlich genommen. Trotzdem sind beide überglücklich. Nach einem kleinen Fest begrüßen am nächsten Morgen sogar die lebendig gewordenen Spielzeuge den winzigen Familienzuwachs. Als tom mit seinem neuen Freund Woody (Alan Young) einen Jahrmarkt besucht, wird er von einem Kinderluftballon in die Höhe getragen. Die beide Gauner Ivan (Terry-Thomas) und Tony (Peter Sellers) schießen ihn mit einer Schleuder herunter und überreden ihn dazu, beim Raub der Stadtkasse zu helfen. Nach dem erfolgreichen Coup schenken sie tom eine Goldmünze. Tags darauf wird die Münze bei seinen Pflegeeltern entdeckt, und die beiden geraten in Verdacht. Nun liegt es an tom, die wahren Verbrecher aufzuspüren. In einem alten Schloß fündig geworden, kann er dank seiner Größe ihre Flucht vereiteln. Er kriecht in ein Pferdeohr und dirigiert das Tier zur Stadt, wo Jonathan und Anne gerade öffentlich ausgepeitscht werden sollen. Ivan und Tony werden gefangengenommen und alles endet glücklich – auch für MGM.

tom thumb war einer der erfolgreichsten Filme des Jahres und erhielt darüber hinaus den Oscar für seine Spezialeffekte. Entsprechend vergrößerte Sets oder die Matte-Tricks von Tom Howard *(2001 – Odyssee im Weltraum)* machten die Illusion eines tanzenden singenden Zwerges recht überzeugend. Die eigentlichen Stars des Films aber waren seine Puppen. Wiederum aus Kostengründen mußte Pal diese Arbeit an zwei Bekannte aus Puppetoon-Tagen abgeben, Gene Warren und Wah Chang. Chang fertigte eine ganze Serie von Wachsgesichtern mit allen möglichen Mimiken, die dann mit Stecknadeln auf dem Puppenkopf fixiert wurden. Trotz der Hilfe von Herb Johnson und des späteren Muppet-

›tom thumb‹

Manns Don Sahlin dauerten die Dreharbeiten ganze fünf Monate. Obwohl inzwischen so mancher Film Changs Techniken wesentlich verfeinert hat, zählen diese Sequenzen heute noch zu den gelungensten und humorvollsten Beispielen für Puppenanimation.

Pals nächstes Märchenprojekt *The Wonderful World of the Brothers Grimm* (Die Wunderwelt der Gebrüder Grimm, USA/BRD 1962) verknüpfte drei Grimm-Geschichten und einen Fiebertraum mit einer Grimm-Biographie. Henry Levin inszenierte die melodramatische Rahmenhandlung, während sich Pal die eigentlichen Märchen vorbehielt, in denen sich erneut die Puppetoons ein Stelldichein gaben. Tricktechnisch bemerkenswert sind vor allem die tanzenden Elfen aus der Heinzelmännchen-Story und ein juwelenbesetzter, von Chang gebauter und Jim Danforth animierter Drachen in »Der singende Knochen«. In erster Linie diente

›The Wonderful World of the Brothers Grimm‹ (Die Wunderwelt der Gebrüder Grimm, USA/BRD 1962)

der Film freilich einer Präsentation des Cinerama-Verfahrens. Erfunden und perfektioniert vom Spezialeffektexperten Fred Waller, bot Cinerama ein ultrabreites Bild und 7-Kanal-Ton, hatte aber auch den Nachteil, daß im Gegensatz zum späteren SuperPanavision 70 mit drei Kameras gedreht werden mußte.

Enormer technischer Aufwand kennzeichnete die gesamte Produktion. Um eine möglichst große Authentizität zu schaffen, fanden die Außenaufnahmen in Rothenburg ob der Tauber und Neuschwanstein statt. Mit den ausgegebenen Dollars verflüchtigte sich freilich auch der Humor und

›Dr. Dolittle‹ (Dr. Dolittle, USA 1967) – Rex Harrison und die große rosa Seeschnecke

naive Charme eines *tom thumb*. Die meisten Kritiker werteten das Resultat als einen zu aufgeblasenen, exemplarisch mißlungenen Märchenfilm.

Dieselbe Ablehnung erntete fünf Jahre später Richard Fleischers *Dr. Dolittle* (Dr. Dolittle), dem man seine plumpe Handlung und die schwachen Schauspielerleistungen ankreidete. Obwohl Rex Harrison in der Tat nur einen faden Abklatsch seines Higgins aus *My Fair Lady* (My Fair Lady) bot, hatte die Handlung allerhand Phantastisches zu bieten: Auf der Suche nach der großen rosa Seeschnecke trat der Veterinär und Tiersprachenexperte mit einem doppelköpfi-

gen Lama im Zirkus auf, rettete einen heimwehkranken Seehund, wurde ins Irrenhaus gesteckt und entkam dank seines Papageis Polynesia, bevor er nach einigen Abenteuern auf der Schwimmenden Insel endlich fündig wurde. Das alles war unübersehbar teuer und farbenprächtig in Szene gesetzt. Letzten Endes aber versandeten alle guten Einfälle in Fleischers hausbackenem Inszenierungsstil.
Einen Schritt weiter ging die Kinoversion eines Ian Fleming-Märchens. Mit ihrer klamottigen Klischeeanhäufung um das fliegende Auto *Chitty Chitty Bang Bang* (Tschitti tschitti bäng bäng, GB 1968) bewiesen Bond-Produzent Broccoli und Regisseur Ken Hughes, wie man auch ganz ohne neue Einfälle zehn Millionen Dollar verpulvern kann.
Der kommerzielle Mißerfolg von *Dr. Dolittle* und *Chitty Chitty Bang Bang* markiert das Ende der großen klassischen Märchenfilme. Gründe für diesen Niedergang gab es mehrere: Zu unschuldig in einer Welt zwischen Vietnam und Watergate, zu altmodisch für die Kinder des Apollo-Zeitalters hatten die stockbraven, oft mehr als ein Jahrhundert alten Geschichten ihren Reiz verloren. Kinderpsychologen und antiautoritäre Erzieher wandten sich zu jener Zeit immer schärfer gegen die Märchen, in denen sie »herrschaftsstabilisierende Verblödungsinstrumente« sahen. Schließlich vermochten die Märchen auch vom rein filmischen Standpunkt nichts Neues mehr zu bieten. Besonders deutlich zeigte sich das im Rahmen der B-Filme, wo die Märchen, gelegentlich halbherzig aktualisiert, noch eine Zeitlang ein bescheidenes Dasein fristeten. *The Phantom Tollbooth* (USA 1969, Regie: Chuck Jones und Abe Levitow), eine Zeichentrick-Variante des *Wizard of Oz, Alice's Adventures in Wonderland* (Alice im Wunderland, GB 1972, Regie: William Sterling), *The Slipper and the Rose* (Cinderellas silberner Schuh, GB 1976, Regie: Brian Forbes) und *The Bluebird* (Der blaue Vogel, USA/UdSSR 1976, Regie: Frank Capra); sie alle verblaßten gegen ihre Vorläufer und gegen die Filme eines Mannes, der den Märchenfilm wie kein zweiter beeinflußt hatte.

Märchen im Zeichentrick: Disney Productions

Walter Elias Disney wurde am 5. Dezember 1901 in Chicago als Sohn eines Zimmermanns geboren. Der Schulzeit, die er getreu dem »american dream« mit Zeitungsaustragen ausfüllte, folgten die Einschreibung am Kansas City Art Institute und, nach dem freiwilligen Militärdienst in Frankreich, die ersten Aufträge – Zeichentrick-Werbespots und einige satirische Cartoons, die er an ein Kino in Kansas City verkaufte. Nach dem Bankrott seiner vorschnell gegründeten Firma Laugh-O-Grams zog er nach Hollywood. Zusammen mit seinem Bruder Roy und Ub Iwerks produzierte Walt Disney dort ab 1923 die Serie *Alice in Cartoonland,* eine Realfilm/Zeichentrick-Kombination. Dann, 1928, schuf er die Figur, die ihn berühmt machen sollte. Micky Maus wurde ein Star und bekam im Lauf der Zeit eine ganze Menagerie heute überall bekannter Zeichentricktiere zur Seite gestellt. Neben seinem manischen Perfektionismus lag das Erfolgsrezept Walt Disneys vor allem darin, daß er bereits sehr früh die Vorteile einer gezielten Vermarktung seiner Geschöpfe erkannte. Zum einen brachten natürlich die Lizenzgebühren dem Studio zusätzlichen Profit. Darüber hinaus aber, und das war wesentlicher, wurden Micky Maus, Donald Duck und Pluto auf diese Weise zu einem Bestandteil des amerikanischen Lebens. Damit war das Publikum auf Disney fixiert, was wiederum weiteren Projekten von vornherein ein gewisses Zuschauerinteresse sicherte. Noch bevor sich die große Publikumswirksamkeit der Disney-Langfilme offenbarte, stand sein weltweites Vermarktungsimperium also bereits auf festen Füßen. Das hatte zur Folge, daß die spätere Konkurrenz, die sich an den Erfolg anhängen wollte, vor dem Wettbewerb mit dem Giganten zurückschreckte und damit Disneys lange währende Monopolstellung auf

dem Gebiet der Familienunterhaltung endgültig zementierte.
1934 begann Walt Disney mit der Verwirklichung eines lange gehegten Traumes. Unter erheblichem Personalaufwand und großen Kosten nahm *Snow White and the Seven Dwarfs* (Schneewittchen und die sieben Zwerge, USA 1937), der erste abendfüllende Zeichentrickfilm des Studios, langsam Gestalt an: »Bis zu 750 Künstler arbeiteten in den Jahren 1934 bis 1937 an der Produktion von *Snow White*. Diese Zahl teilt sich auf in 32 Hauptzeichner, 102 Assistenzzeichner, 167 »In-Betweeners« (die die Bewegungsphasen zwischen den von den Hauptzeichnern gefertigten Zeichnungen ausfüllen), 20 Lay-Outer, 25 Hintergrundmaler, 65 Zeichner für Spezialeffekte (für Rauch, Wasser und Wolken) und 158 junge Frauen, die die Zeichnungen mit Tusche auf Zelluloid übertrugen und kolorierten. Dazu kamen noch die ungemein komplizierten – weil neuen – Tonaufnahmeverfahren mit Schauspielern und Sängern und die Arbeiten im Labor und Kopierwerk, um die Farben für Technicolor optimal auf die Leinwand zu bringen (1935 noch keine Selbstverständlichkeit). Jede der Skizzen mußte drei-, viermal bis zur endgültigen Fassung auf Zelluloid neu gezeichnet werden, und schließlich wurde für *Snow White* mehr als eine Million Zeichnungen benötigt.« (Reinhold Reitberger)
Den Perfektionisten Disney befriedigte das Ergebnis der langjährigen Arbeiten allerdings immer noch nicht. Die Farbe bereitete Schwierigkeiten, das Multiplane-System, das Fahrten durch einzelne per Glasplatten voneinander getrennte »cel«-Ebenen erlaubte und so räumliche Tiefe suggerierte, war technisch noch nicht ausgereift. Voller Hektik versuchte Disney noch wenige Stunden vor der Premiere am 21. Dezember 1937 vergeblich, den Film umzuschneiden.
Im Nachhinein erwies sich das jedoch als unnötig. Die einigermaßen werkgetreue Grimm-Adaption entpuppte sich auch so als riesiger Erfolg, als der hinter *Gone With the Wind* (Vom Winde verweht, USA 1939) kassenträchtigste Film

›Snow White and the Seven Dwarfs‹ (Schneewittchen und die sieben Zwerge, USA 1937)

der dreißiger Jahre überhaupt. In einer Zeit, wo Kinderfilme eher eine Seltenheit darstellten, hatte Disney auf dieses ungenützte Publikum spekuliert und gewonnen.
Das beeinflußte natürlich den weiteren Filmausstoß. Die qualitativ bestechende Machart von *Snow White and the Seven Dwarfs* und sein zugrunde liegendes Naturverständnis sollten zum Markenzeichen des Studios werden.
In seinen Filmen fungierte Disney fortan als Verkünder einer utopischen Welt voller Liebe und gegenseitigem Verständnis; eine Weltsicht, die nie so überzeugend hätte wirken können, wäre er nicht auch privat von ihr überzeugt gewesen. Natur sah er nicht im darwinistischen Sinn, sondern als idyllischen Ort des Friedens, in dem blutige Realität keinen Platz hat. Undenkbar, in einem Disney-Film Szenen zu begegnen, wie man sie etwa in *Watership Down* (Watership Down, GB 1978) oder *The Plague Dogs* (Die Hunde sind

›Snow White and the Seven Dwarfs‹ – »Wasser und Seife?!?«

los, GB/USA 1982) findet. Wirklich schreckenerregende Szenen, zu denen sich Disney mitunter aus dramaturgischen Gründen gezwungen sah, stießen auch meist auf herbe Kritik. Hier wurde er das Opfer seiner eigenen Propaganda, die den Eltern immer wieder die völlige Harmlosigkeit seiner Produkte versicherte. Obwohl *Snow White and the Seven Dwarfs* das Grimm-Märchen bereits immens entschärft hatte, wandte sich beispielsweise der Kinderarzt Benjamin Spock in scharfer Form gegen eine alptraumhafte Transformationsszene, bei der sich die böse Stiefmutter in eine abscheuliche Hexe verformte.

Das Dilemma war offensichtlich: Bei einem Verzicht auf solche Szenen attackierten die Kritiker seine sirupsüße Verniedlichung, im anderen Fall bemängelten Eltern und Kinderpsychologen die unnötigen, wenn auch völlig im Irrealen angesiedelten Grausamkeiten. Den Eintrittspreis bezahlten

freilich die Eltern und nicht die Kritiker, und so bemühte sich Disney von Anfang an darum, eventuell nötigen Schrecken mit Humor aufzulösen oder zumindest abzumildern.
Den »sidekicks«, den Nebenfiguren, die hierfür als Träger dienen konnten, galt Disneys spezielles Augenmerk, auch in animationstechnischer Hinsicht. Attraktion von *Snow White and the Seven Dwarfs* war nicht die recht farblos gestaltete Zentralfigur, es waren vielmehr die sieben Zwerge. Lange wurde an ihren jeweiligen Persönlichkeiten herumgefeilt, um einen möglichst großen Kinder-Appeal zu erzielen. Das Konzept ging schließlich dahin, jeden Zwerg zur Ver-

›Pinocchio‹ (Pinocchio, USA 1940) – mit Jiminy Cricket

körperung eines einzigen, klar definierten Wesenszugs zu machen. Unter den sieben gab es den neunmalklugen Anführer, einen Grummligen, einen Glücklichen, einen Schlafmützigen, einen Schüchternen, einen ständig Verschnupften und einen stummen Dummerjan, dem Harpo Marx als Vorbild diente. Obendrein hatten sie alle eine tiefe Abneigung gegen Wasser und Seife – geradezu ideale Identifikationsfiguren also.

›Pinocchio‹ – Jahrmarktsbesitzer Stromboli und sein neuer Star

›Pinocchio‹

Welch wichtige Rolle der Humor spielte, sollte Disney in seinem nächsten Zeichentrickmärchen erfahren.

Pinocchio (Pinocchio, USA 1940), recht frei entstanden nach Carlo Collodis Roman, beginnt mit einem Meisterstück quasi-dreidimensionaler Animation: Von einem Panoramablick auf ein italienisches Bergdorf fährt die Kamera auf ein einzelnes, beleuchtetes Fenster zu. Drinnen sitzt der alte Spielzeugmacher Geppetto, der soeben eine neue Holzpuppe geschnitzt hat und sich nun sehnlich wünscht, daß sie ein wirklicher Junge werde. Die blaue Fee erweckt die Puppe zum Leben und bestellt Jiminy Cricket, die Grille, zu Pinocchios ständigem Gewissen. Trotzdem bringen ihn zwei unangenehme Zeitgenossen, ein Fuchs und ein Kater, mehrmals vom Weg der Tugend ab und verfrachten ihn schließlich auf eine sinistre Amüsier-Insel, wo am Ende aller hemmungslosen Genüsse die Verwandlung in einen Esel und Tod in der Klebstoffabrik stehen. Gerade noch rechtzeitig kann Pinocchio dank Jiminys Hilfe dem schrecklichen Schicksal entgehen. Er rettet seinen »Vater«, der auf der Suche nach ihm von einem Wal verschlungen wurde, aus dem Magen des riesigen Tieres. Damit hat er sich endgültig der Ehre würdig erwiesen, von der Fee in einen echten Jungen verwandelt zu werden.

Technisch war *Pinocchio* seinem Vorläufer klar überlegen. Ein neues Malverfahren gab den Figuren rundere, lebensechtere Formen, und auch die Multiplane-Kamera war inzwischen perfektioniert worden, neben der bestechenden Einleitungssequenz wimmelt der Film von räumlichen Effekten. Daneben schwelgt die Animation selbst bei so kleinen Dingen wie Lichtreflexen in einer ungeheuren Natürlichkeit und Detailtreue. Insgesamt verschlang die Produktion 2,5 Millionen Dollar, anderthalbmal soviel wie *Snow White and the Seven Dwarfs*.

Die Kritiker verteilten viel Lorbeer, die Einspielergebnisse aber blieben hinter den Erwartungen zurück. Zum einen fiel der Überseemarkt durch den 2. Weltkrieg beinahe vollständig aus, zum anderen mochte sich auch das einheimische Publikum nicht so recht für die recht schonungslose Moralpredigt erwärmen. Die unterschwellige Aura des Düster-Bedrohlichen flößte vielen Kindern Angst ein, was ein schreckenerregender Höhepunkt des Films noch steigerte. Wieder war es eine Transformationsszene, die den Unmut der Eltern erregte: die Verwandlung von Pinocchios Freund Lampwick in einen Esel. Sein hilfloses Entsetzen kulminierte im panischen Ausruf »Mutter«, der in einem schrillen Wiehern erstickte, bevor ihn peitschenknallende Phantome seinem sicheren Tod entgegentrieben.

Neben einer solchen Sequenz mußte der Versuch, mit Jiminy Cricket einen »comedy relief« aufzubauen, verblassen. Erst im Laufe der Jahre, als man die kathartische Wirkung des Schreckens im Märchen besser einschätzen konnte, erschloß sich die künstlerische Genialität von *Pinocchio*. Für den Moment aber bedeutete der relative Mißerfolg des Films einen Dämpfer für Disneys hochfliegende Pläne.
Der nächste folgte auf dem Fuße.
Seit seinem ersten Tonfilm war der Musik eine dominante Rolle in Disneys Filmen zugekommen. Das allgemein übliche Verfahren hatte er freilich auf den Kopf gestellt: Nicht die Musik hatte sich der Handlung unterzuordnen, im Gegenteil, die Story sollte die Musik kommentieren und visualisieren. Daß er damit richtig lag, bewies ihm der Erfolg seiner »Silly Symphonies«, amüsanten Kurzfilmen, in denen Micky Maus und andere zum Takte der Musik wilde Späße trieben.

›Pinocchio‹ – auf der Flucht vor Monstro

Großen Wert maß Disney eingängigen Kompositionen bei. Viele Filmsongs kamen denn auch zu Hitehren und wurden Evergreens: »Who's Afraid of the Big Bad Wolf?« aus der Silly Symphony *The Three Little Pigs* (USA 1933), »Chim Chim Cheree« aus *Mary Poppins* (Mary Poppins, USA 1964), »The Bear Necessities« aus *The Jungle Book* (Das Dschungelbuch, USA 1967) und »When You Wish Upon a Star« aus *Pinocchio,* um nur einige zu nennen. Letzteren Song zitierte sogar Steven Spielberg in der Schlußszene seiner *Close Encounters of the Third Kind* (Unheimliche Begegnung der dritten Art, USA 1977).

Nun, da *Snow White* die Kassen klingeln ließ, wagte sich Disney an sein bis heute ambitioniertestes Projekt, die Apotheose seiner Silly Symphonies, eine orgiastische Synthese aus Klang und Farben.

»Bilder zum Hören – Musik zum Schauen« lautete der akkurate Werbeslogan zu *Fantasia* (Fantasia, USA 1940). Zusammen mit Leopold Stokowski, dem Dirigenten des Philadelphia-Orchesters und musikalischem Berater der Produktion, wählte Disney acht Werke aus, die in 7-Kanal-Stereo und Breitwand ihre Leinwandinkarnation erleben sollten. Die hierfür nötigen Kinoumbauten verbot die Regierung jedoch für die Dauer des Krieges, und schließlich mußte *Fantasia* unter dem Druck der Kreditgeber ohne diese technischen Innovationen anlaufen.

Auf eine lockere Weise, die bereits viel über das ungezwungene Verhältnis des Films zur hehren Kunst aussagt, führte der Radiokommentator Deems Taylor in die einzelnen Stücke ein. Bereits das erste machte dem Publikum deutlich, daß es Disney diesmal ernst meinte: Bachs »Toccata und Fuge in d-moll« geriet zu einer abstrakten Collage verschwommener Formen und Farben. Violinbogen flitzten über die Leinwand, die tiefen Töne wälzten sich in roten Dünen dahin, schwere Wolkenmassen sammelten sich zu Orgelpfeifen, bis sich alles zu einem gelblichen Licht aufhellte, gegen das sich zum Schluß die Silhouette des Dirigenten abhob.

Wie zum Ausgleich für diesen avantgardistischen Start boten die beiden nächsten Episoden wieder etwas Disney-Typischeres. Zu den verspielten Klängen von Tschaikowskys »Nußknacker-Suite« tanzten Pilze, Goldfische, Feen, Disteln und Orchideen ein niedliches Flora-und-Faunaballett, während gleich darauf ein größenwahnsinniger Zauberlehrling im Traum dem Meer und den Sternen gebieten konnte, in der Realität aber seine liebe Not mit wasserschleppenden, sich ständig vervielfältigenden Besen hatte. Der Zauberlehrling war natürlich kein anderer als Micky Maus, der in diesem besonders sorgfältig gemachten Paradestück des Films ein Comeback feierte. Paul Dukas' Orchestration des Goethe-Stücks diente hier als Vorlage.

Dann wurde es pathetisch und bombastisch. Strawinskys »Le sacre du printemps«, das im Grunde eher ein heidnisches Ritual suggeriert, nahm Disney zum Anlaß einer Exkursion in die Urzeit. Vom Anbeginn der Welt, als Vulkane (im Takt) ihre Lava spuckten, über den Beginn des Lebens im Meer bis zum Aussterben der Dinosaurier unter dem heißen Licht einer orangegelben Sonne spannte sich der Bogen der kurzgefaßten Evolutionsgeschichte. Musikliebhaber in aller Welt stöhnten über die Kürzungen und Transpositionen, die Strawinsky zuteil wurden, obwohl der verdutzte Maestro während einer PR-Tournee etwas säuerlich verkündete, genauso habe er sich sein Werk vorgestellt.

Ähnlichen Zorn entfachte die »Pastorale«. In bacchantischer Fröhlichkeit tummelten sich da Zentauren, Einhörner und fliegende Pferde in einer mythologischen Landschaft, bevor Göttervater Zeus mit gewaltigen Blitzen dazwischenfuhr. »Aber wer die Disney-Version eines Arkadien im Art Déco-Stil gesehen hat, wird wohl die Heiligenstädter Landschaft (bei Wien, wo das Musikstück ›hingehört‹) als eher langweilig empfinden ... In Disneys ›Pastorale‹ steckt viel mehr als eine neckische Illustrierung mit pausbäckigen Cupidos. Die Studien der Zeichner gehen auf Bilder der Symbolisten des 19. Jahrhunderts zurück, und in diesem Teil von

›Fantasia‹ (Fantasia, USA 1940) – Beethoven im Art-Deco-Stil

Fantasia erfolgt eine ganz besonders ausgeklügelte Umsetzung der Töne in Farben. So wurde für ›Pastorale‹ zuerst eine Farbenskala erstellt, mit einem hellen, ruhigen Gelb für den Anfang bis zum mit weißen Blitzen durchzuckten Schwarz der Gewitterszene.« (Reinhold Reitberger)
Die unverbindliche Fröhlichkeit der nächsten Episode – Ponchiellis »Tanz der Stunden«, dargebracht von Krokodi-

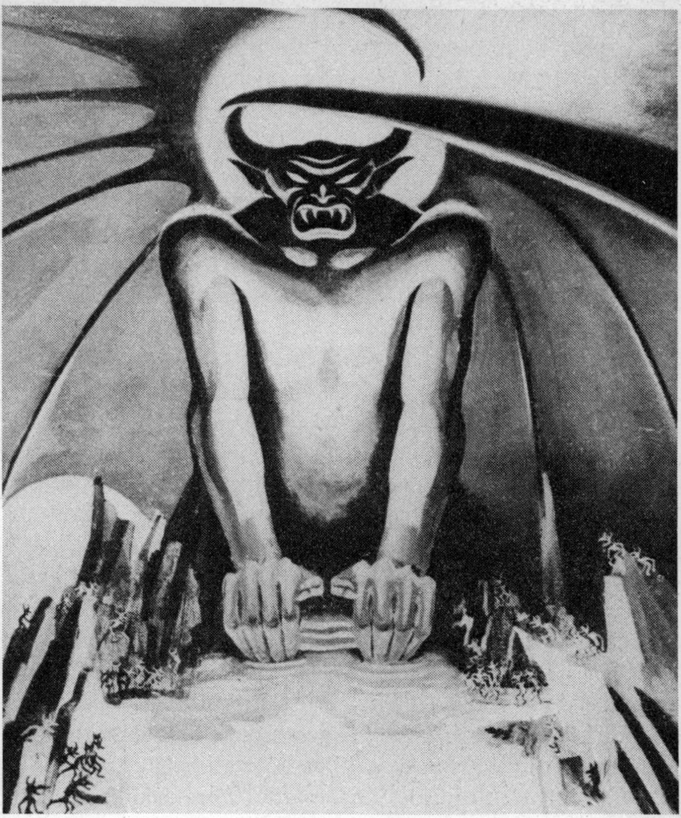

›Fantasia‹ – die Nacht auf dem Kahlen Berge

len, Straußen und einer graziösen Nilpferdballerina im Spitzenröckchen – erhöhte noch die Wirkung des nun folgenden besten Segments von *Fantasia.*

Mitternacht auf dem Kahlen Berge. Die gewaltigen Klänge von Mussorgsky ertönen, der Gipfel öffnet sich zu einem Paar riesiger Schwingen. Der geflügelte Dämon Tschernobog (für den angeblich Bela Lugosi Modell gestanden hat) kommt zum Vorschein und beschwört die verfluchten Geister der Gehenkten und andere Nachtmahre zu einem surrealistischen Hexensabbat, bevor er sie einen nach dem anderen in den feurigen Abgrund der Hölle stürzt. Das unselige Werk ist getan, es dämmert. Tschernobog faltet seine Schwingen zusammen, wird wieder zur Bergkuppe. Unten am Boden zieht eine Prozession erleuchteter Pilger zu Schuberts sakralem »Ave Maria« durch einen hohen Wald in Form einer gotischen Kathedrale. Das Licht des Morgens hat die Schrecken der Nacht besiegt – ein typisches Disney-Motiv, das durch die Inszenierung nichtsdestotrotz Lügen gestraft wird: Während das Böse satanische Faszination ausstrahlte, wirkte das Gute eher fade und langweilig.

Disneys Versuch, vom Nimbus des Märchenonkels loszukommen, scheiterte auf der ganzen Linie. Zu sehr waren die Zuschauer schon auf dieses Image fixiert, als daß sie mit einem solchen Experimentalfilm etwas anfangen konnten. Schwerer noch als der eher mäßige Publikumszuspruch – »damit wird Beethoven berühmt werden«, kommentierte Disney noch kurz nach der Premiere voller Optimismus – traf ihn jedoch die Ablehnung der zeitgenössischen Kritik. Aus der Höhe ihres Elfenbeinturms herab entsetzten sich Puristen über die sakrilegische Adaption klassischer Meisterwerke und werteten die angestrebte Popularisierung als typisches Beispiel amerikanischer Kulturlosigkeit.

Es war eine Lektion, die Disney, der unmusikalische Musikliebhaber, nie vergessen sollte. Der Mißerfolg von *Fantasia,* in Konzept und Ausführung einer seiner faszinierendsten Filme, trieb ihm seine künstlerischen Aspirationen restlos aus. Tiere und Niedlichkeiten wollte das Publikum, Tiere und Niedlichkeiten sollte es bekommen. Überschattet vom schlimmsten Streik in der Geschichte des Studios entstanden *Dumbo* (Dumbo, USA 1941) und gleich darauf *Bambi* (Bambi, USA 1942). Gerade der wenig aufwendige, aber erfolgreiche *Dumbo,* zu dessen Unterstützung Disney noch eine Merkwürdigkeit namens *The Reluctant Dragon* (USA

1941) produzieren ließ, um die Kosten zu decken, bestätigte ihn in seiner Antikunsthaltung: »Ich hatte immer schon einen Alptraum. Ich träume, daß einer meiner Filme in einem Kunstkino gezeigt wird. Und wenn ich aufwache, zittre ich.«

Nach den mageren Kriegs- und Nachkriegsjahren, die von Propagandastücken wie *Victory Through Air Power* (USA 1943) und unsäglichen Schmachtfetzen à la *Song of the South* (Onkel Remus' Wunderland, USA 1947) gekennzeichnet waren, baute Disney sein Imperium weiter aus. Kurze Dokumentarstreifen, die anstelle der zu teuer gewordenen Kurzfilme vors Hauptprogramm geschaltet wurden, kamen beim Publikum so gut an, daß insgesamt sechs lange Naturfilme gedreht wurden. Auch mit *The Treasure Island* (Die Schatzinsel, GB 1950) und drei weiteren Realfilmen, die er aus finanzpolitischen Gründen drehen mußte, stieß Disney auf eine Goldmine. Der Ausstoß an Realfilmen wurde schnell gesteigert, wobei Quantität bald die Qualität ablöste. Neben zahllosen Western, banalen Swashbucklern und kitschigen Tiergeschichten steht aber immerhin auch ein SF-Klassiker wie *20000 Leagues Under The Sea* (20000 Meilen unter dem Meer, USA 1954). Und neben mehreren simpelnaiven Magikomödien vom Schlage eines *The Shaggy Dog* (Der unheimliche Zotti, USA 1959) oder dem mißglückten Remake von *Babes in Toyland* (USA 1961) produzierte Disney auch die überaus erfolgreiche Pamela Travers-Verfilmung *Mary Poppins*.

Von der Perfektion der Zeichentrickfilme war Robert Stevensons Film allerdings doch etwas entfernt. Recht deutlich sah man die Drähte, an denen die magische Gouvernante (Julie Andrews) nach London hinabschwebte, um zusammen mit dem fröhlichen Schornsteinfeger Bert (Dick van Dyke) ihre beiden vom Vater vernachlässigten Schützlinge in allerlei Zeichentrick- und Märchenwelten zu entführen.

Großes Aufsehen erregten seinerzeit die Realfilm/Zeichentrick-Kombinationen, in denen z. B. animierte Pinguine mitspielen. Zur Anwendung kam hier eines der gebräuchlichsten Trickverfahren, das nun kurz erklärt werden soll, der »travelling matte«-Prozeß. »Travelling mattes« sind Silhouettenbilder der übereinander zu kopierenden Filmstreifen, die diesen beim Kopieren unterlegt werden müssen, damit die Objekte nicht transparent erscheinen. Meist werden sie bereits während der Aufnahme hergestellt. Zusätzlich zur normalen Beleuchtung steht dabei ein mit monochromem Natriumlicht angestrahlter Schirm hinter den Schauspielern. (Es gibt auch die Möglichkeit, nur einen blauen Schirm hinter den Darstellern aufzustellen. Dieses Verfahren nennt sich »blue backing«-Prozeß.)

In der Kamera filtert ein Prisma genau diese Wellenlänge heraus und leitet sie auf einen Schwarzweißfilm, auf dem durch Überbelichtung die »travelling matte« entsteht. Da das Fehlen eines so engen Lichtspektrums den Farbeindruck nicht beeinflußt, kann aus dem Restlichtanteil ohne weiteres die reguläre Aufnahme hergestellt werden. Erfolgt das anschließende Kopieren allerdings nicht mit höchster Präzision, führt das – wie in *Mary Poppins* – dazu, daß deutlich sichtbare Ränder, sogenannte Halos, um die Figuren herum entstehen.

Die glänzenden Schauspielerleistungen von Dick van Dyke und Julie Andrews, die anderthalb Jahrzehnte brauchte, um von diesem Image loszukommen (um es dann in Blake Edwards' *S.O.B.* zu persiflieren), sowie ein ausgesprochener Ohrwurm-Soundtrack der Gebrüder Sherman halfen indes über solche technische Schwächen hinweg. *Mary Poppins* ist bis heute der erfolgreichste Disney-Film aller Zeiten.

Prestigeobjekt blieben freilich die langen Zeichentrickfilme. Nach *The Adventures of Ichabod and Mr. Toad* (USA 1949), einer zweiteiligen Geschichte über die »faszinierendsten Taugenichtse der Weltliteratur« (Werbeslogan), kehrte Disney zu den klassischen Kindermärchen zurück. Der technisch hohe Standard von *Cinderella* (Aschenbrödel, USA 1950) konnte allerdings nicht verbergen, daß der erzähleri-

›Mary Poppins‹ (Mary Poppins, USA 1964) – Julie Andrews als fliegende Gouvernante

sche Charme von *Snow White* verloren war und die Figuren zu wenig mehr als klischeehaften Abziehbildern verkommen waren. Aber die Kinder störten sich nicht an der plumpen, durchschaubaren Weise, in der hier ihre Emotionen angesprochen wurden. Und auch die Eltern konnten endlich

›Alice in Wonderland‹ (Alice im Wunderland, USA 1951)

zufrieden sein: Schaurige Szenen sollte es ab jetzt in keinem Zeichentrickfilm mehr geben.
Nicht zuletzt dank einer zusätzlich eingebauten Nebenhandlung um den bösen Kater Luzifer und Cinderellas kleine Mäusehelfer wurde das Routineprodukt zum Kassenerfolg. Das Studio kam aus den roten Zahlen, leise regte sich der Unternehmungsgeist. *Alice in Wonderland* (Alice im Wunderland, USA 1951) hieß das Resultat.
Für Lewis Carrolls Phantasiegestalten stellte der Zeichentrick sicher ein geeigneteres Medium als der Realfilm dar. Eine Wasserpfeife rauchende Raupe, die Königin der Karten, der weiße Hase und manch anderes Sonderbare tauchten in diesem antilogischen Land auf. Obwohl Disney dabei Carroll des öfteren vergeWALTigte, näherte sich seine Version doch am ehesten der Verrücktheit der Vorlage.
Ende der Sechziger erlangte der beim Start untergegangene

Alice in Wonderland eine gewisse Underground-Berühmtheit, als amerikanische Collegestudenten Alices Erlebnisse als Trip interpretierten und durch den Genuß von Psychedelika selbst daran teilhaben wollten. Besonders die ständig variable Größe der Dinge, die Alice am eigenen Leib erfährt, ist tatsächlich eine sehr häufig gemachte Drogenerfahrung: »One pill makes you larger, one pill makes you small«, sangen die Jefferson Airplane in ihrem Song »White Rabbit« denn auch recht vieldeutig.
Bereits der Nachfolgler von *Alice in Wonderland* wandelte wieder auf ausgetretenen Pfaden. Wie *Cinderella,* so fehlt es eben auch *Peter Pan* (Peter Pans heitere Abenteuer, USA 1953) an Charme, wenn auch nicht an technischem Können. Disney hatte Barries Erzählung hoffnungslos verflacht und

›Peter Pan‹ (Peter Pan, USA 1953)

genau mit jenem albernen Klamauk ausgestattet, von dem er (zu Recht) meinte, er würde bei Kindern gut ankommen. Das weitere Schicksal des Films spiegelt diese Schwächen: Auch Disneys neunter langer Zeichentrickfilm taucht heute nur mehr gelegentlich in den Sommerfilmwochen einheimischer Kinos, auf, während es seine Tierfilme, wie z. B. die Hunde-Love-Story *The Lady and the Tramp* (Susi und Strolch, USA 1955), im 7-Jahres-Turnus regelmäßig zu einem Massenstart bringen.

Wenn man wollte, ließe sich das sicher psychologisch deuten. Die Projektion kindlicher Ängste und Wünsche in anthropomorphe Tiere bedeutet ein höheres Maß an Verschlüsselung, die die Filme vieldeutig und damit wiederum auch für Erwachsene reizvoll macht. Eine weitaus einfachere Erklärung liegt freilich darin, daß es die Disney-Studios nach dem Kriege nie mehr verstanden hatten, die menschlichen Darsteller mit denselben liebevoll gestalteten Charakteren auszustatten wie die gezeichneten Tierfiguren.

Vermutlich erklärt sich so auch das kommerzielle Abschneiden von Disneys nächstem Märchenfilm.

Was *Fantasia* verwehrt geblieben war, sollte nun *Sleeping Beauty* (Dornröschen und der Prinz, USA 1959) krönen: In Stereo begleitete die Musik aus Tschaikowskys »Dornröschen«-Ballett erlesene Bilder in 70 mm-Technirama, bei denen sich die Zeichner von Gemälden des 15. Jahrhunderts inspirieren ließen. Einmal mehr wurde die bekannte Handlung um einige Nebenfiguren erweitert, da Charles Perraults Märchen nicht genug hergab: Während der Taufe verhängt die böse Hexe Malefiz einen Fluch über die neugeborene Tochter König Stefans. An ihrem 16. Geburtstag wird sich Prinzessin Aurora an einem Spinnrad stechen und sterben. Die drei anwesenden Feen Flora, Fauna und Sonnenschein können den Fluch nicht aufheben, nur abmildern. Statt Tod erwartet Aurora nun todesähnlicher Schlaf, aus dem sie nur der Kuß eines Liebenden erwecken kann.

Bei den Feen im Wald wächst Aurora heran, bis sie am Mor-

›Sleeping Beauty‹ (Dornröschen und der Prinz, USA 1959) – Malefiz' feuriger Abgang nach dem verhängten Fluch

gen ihres 16. Geburtstags Prinz Philipp kennen und lieben lernt. Das gemeinsame Abendessen indes fällt aus. Aurora, von den Feen über ihre wahre Identität aufgeklärt, ist zum väterlichen Schloß geeilt, wo sich der Fluch erfüllt.
Malefiz' Dämonen schleppen Philipp, den einzigen, der ihrem Plan gefährlich werden könnte, in die Hexenburg. Dank Feenhilfe kann er den zahlreichen Monstren und Wächtern entkommen. Schließlich, als selbst eine herbeigezauberte Dornenhecke rund um Stefans Schloß Philipp nicht aufhalten kann, verwandelt sich Malefiz in einen riesigen, feuerspeienden Drachen und greift selber ein. Trotz magischem Schwert und Schild hat Philipp einen schweren Stand gegen das höllische Ungetüm. Auf einer hohen Klippe in die Enge getrieben, schleudert er sein Schwert auf Malefiz und trifft. Der Drache stürzt in die Tiefe, Philipp küßt Aurora ins Leben zurück, beide heiraten, und alles endet glücklich.

Nicht in der harten Realität jedoch: *Sleeping Beauty* gilt heute als eine von Disneys schlimmsten kommerziellen Bauchlandungen. Obwohl das sicher etwas übertrieben ist – der Film war in Amerika erfolgreicher als *The Rescuers* (Bernard und Bianca – die Mäusepolizei, USA 1977) –, blieb der Erfolg doch weit hinter den zu hoch gesteckten Erwartungen zurück. Gründe dafür waren im nachhinein schnell gefunden, einen Angriffspunkt lieferte vor allem der eigentliche Pluspunkt des Films, seine qualitativ bis heute unerreichte Animation: Die intensiven, mit Kameratricks überfrachteten Bilder lenkten von der Handlung ab. Der immense Aufwand (einige Szenen wurden real gedreht und dann nachgezeichnet) zerstörte Originalität und Witz und gab dem Film den Hauch des Sterilen. Und es gab eben keine Tiere.
Das führte zunächst zu *101 Dalmatians* (Pongo und Perdi, USA 1961), einem Tierkrimi, bei dem Disney wieder im wörtlichen Sinn auf den Hund gekommen war. Auch *The Sword in the Stone* (Die Hexe und der Zauberer/Merlin und Mim, USA 1963) nahm die Artus-Sage nur als denkbar ungeeigneten Vorwand für Tiere, Tiere und noch mehr Tiere: Merlin weist den jungen Artus in die Geheimnisse der Natur ein, indem er ihn als Goldfisch, Eichhörnchen oder Vogel deren Wunder hautnah miterleben läßt. Und selbst der nominelle Höhepunkt des Films, das Herausziehen Excaliburs aus dem Stein, wirkte ungleich fader als ein vorangegangenes Zauberduell, bei dem sich Merlin und seine Kontrahentin Mim in Elefanten, Mäuse, Krokodile, Hühner, Schildkröten und purpurrote Drachen verwandeln.
Endpunkt dieser Entwicklung und letzter Beweis für die Aufgabe sämtlicher, über einen hohen Animationsstandard hinausgehender Ambitionen war der völlig auf den Publikumsgeschmack maßgeschneiderte Film *The Jungle Book* (Das Dschungelbuch, USA 1967). Seine Fertigstellung sollte der Familienunterhaltungskönig aber nicht mehr erleben. Nach einer schweren Lungentumor-Operation starb Walt Disney am 21. Dezember 1966.

Seit diesem Tag saß das Gespenst des Meisters im Nacken des Studios. Diesneys Stärke, seine Größe, wenn man so will, war der stete Drang nach Neuem gewesen. Sein Mut zu Experimenten, die auch mehr als einmal scheiterten, hatte über vierzig Jahre lang für belebende Impulse gesorgt. Eben diesen Mut aber brachten seine Nachfolger nicht mehr auf, Unfähig und nicht willig, dem graduellen Niedergang des klassischen Märchenfilms entgegenzutreten, begnügten sie sich mit Rekapitulation der als publikumswirksam erkannten Muster. Schnell degenerierte das Konstruktionsprinzip der Filme zur puren Rezeptkocherei gemäß den Bilanzen nach dem 2. Weltkrieg.
An vorderster Stelle mit einem Nettoverdienst von 45 Millionen Dollar stand da *Mary Poppins.* Folglich wurde ein Projekt, das damals als Alternative zu dem von einem Disput mit der Vorlagenautorin gefährdeten Film entworfen

›The Sword in the Stone‹ (Die Hexe und der Zauberer, USA 1963) – lila Drachen gelten nicht

worden war, schleunigst wieder ausgegraben und etwas konfektioniert: *Bedknobs and Bromsticks* (Die tollkühne Hexe in ihrem fliegenden Bett, USA 1971) erzählte nun die Geschichte der Hexenanfängerin Carolin Price (Angela Lansbury), die mit drei Waisen ins Zauberland Nabumbu aufbricht, um eine magische Formel zur Bewegung unbelebter Gegenstände zu finden, mit der dann am Schluß Nazi-Invasoren in die Flucht geschlagen werden. Fairerweise sei jedoch dazugesagt, daß *Bedknobs and Broomsticks* im Vergleich zur nächsten Realfilm/Zeichentrick-Kombination des Studios, *Pete's Dragon* (Elliot, das Schmunzelmonster, USA 1977), immer noch relativ unterhaltsam war.
Auch was die Zeichentrickfilme anging, redeten die Geschäftsbücher eine eindeutige Sprache: Die drei erfolgreichsten Filme seit 1950 waren *The Jungle Book* (27,3 Millionen Dollar), *The Lady and the Tramp* (25,2 Millionen Dollar) und *101 Dalmatians* (22,8 Millionen Dollar) gewesen. Kein Wunder also, daß man *Aristocats* (Aristocats, USA 1970) ebensogut mit *Susi und Perdi, Robin Hood* (Robin Hood, USA 1973) auch mit *Das Sherwood-Buch* hätte übertiteln können. Parallel dazu verschlechterte sich die Animation und bediente sich kostensparender Kameratricks, denen Walt Disney nie seine Zustimmung gegeben hätte.
Die künstlerische Lähmung, die das Studio befallen hatte, sorgte schließlich im September 1979 für den Eklat. Während den Arbeiten zu *The Fox and the Hound* (Cap und Capper, USA 1981) kündigten Don Bluth und 17 weitere Zeichner aufgrund gestalterischer Differenzen ihren Arbeitsvertrag.
The Secret of NIMH (Mrs. Brisby und das Geheimnis von NIMH, USA 1982) hieß der erste Zeichentrickfilm der neu gegründeten Bluth Productions. Detailreich in den Hintergründen, prächtig in der Farbgebung, flüssig und weich in der Animation knüpft er an die alten Traditionen der großen Disney-Filme an.
Phantasievoll wird eine märchenhafte Tiergeschichte mit

›Bedknobs and Broomsticks‹ (Die tollkühne Hexe in ihrem fliegenden Bett, USA 1971) – die Hexe und die Fußballmannschaft

modernen und mythischen Untertönen kombiniert: Mrs. Brisby ist eine verwitwete Feldmaus, die mit ihren vier Kindern in einem Ackerstein Quartier bezogen hat. Als die Pflügezeit und damit ein schneller Umzug bevorsteht, wird der kleine Timothy krank. Seine Lungenentzündung macht jeden Transport unmöglich und in ihrer Not wendet sich Mrs. Brisby an die sagenumwitterte, allwissende große Eule. Deren Rat ist mehr als seltsam: die Ratten von NIMH könnten als einzige ihr Haus an einen sicheren Ort transportieren. Beim Anführer der Ratten, Nicodemus, erfährt die tapfere Maus das Geheimnis. Forscher aus dem National In-

›The Secret of NIMH‹ (Mrs. Brisby und das Geheimnis von NIMH, USA 1982) – Mrs. Brisby bei Nicodemus, dem Anführer der Ratten

stitute of Mental Health – abgekürzt NIMH – haben während ihrer genetischen Experimente einem Rattenstamm übermenschliche Intelligenz verliehen. Jonathan, Mrs. Brisbys toter Mann, ermöglichte ihnen damals die Flucht aus den Labors, und so willigt Nicodemus ein, zu helfen. Überdies schenkt er Mrs. Brisby ein Zauberamulett. Aber das Gemeinwesen der Ratten wird selbst bedroht: Von außen durch die NIMH-Wissenschaftler, die ihre Versuchstiere ausrotten wollen; von innen durch den machthungrigen Jenner, der der von Nicodemus propagierten Flucht den Kampf vorzieht. Während der Transportarbeiten inszeniert Jenner einen Unfall, dem Nicodemus zum Opfer fällt. Dessen Leibgardist Justin besiegt zwar Jenner in einem tödlichen Schwertkampf, doch das abgestürzte Haus droht im Schlamm zu versinken. Da kommt das Zauberamulett zu Hilfe: In tiefer Trance levitiert Mrs. Brisby ihr Haus und die darin eingeschlossenen Kinder auf festen Grund, in Sicherheit.

Obwohl dies die erklärte Absicht des Films gewesen war, vermochte *The Secret of NIMH* dennoch nicht vollkommen aus dem Disney-Schatten hervorzutreten. Das Charakterdesign hielt sich streng an das Kindchenschema, und gerade den komischen Nebenfiguren wie der Krähe Jeremy war ihre Abstammung nur zu deutlich anzumerken. Andererseits bediente sich Bluth aber auch der Vermengung von Märchen, Mythos und Utopie, mit der der klassische Märchenfilm Ende der Siebziger im SF-Kino zu einer Selbsterneuerung gefunden hatte. Neben dem futuristischen Einschlag der Handlung zeigte sich das in den häufig auftauchenden grell-grandiosen Lichteffekten besonders deutlich. Die Synthese mißlang dem Film jedoch. *The Secret of NIMH,* obschon technisch perfekt und von hohem Unterhaltungswert, verstand es nicht, Disney und Lucas zu einem einheitlichen Ganzen zu verbinden und beschränkte sich statt dessen auf ein bloßes Nebeneinander.

Mit Don Bluths Zeichentrickmärchen endet zugleich die Geschichte dieser Fantasy-Nebenlinie. Für die Geschichte der »regulären« Fantasy gilt es nun dahin zurückzukehren, wo diese Nebenlinie abgezweigt ist, zum Beginn der Tonfilmära und einer weltweiten Krise.

Von 1001 Nacht zu 1001 Harems

Der 24. Oktober 1929 sollte als »Schwarzer Freitag« in die Geschichte der Wall Street eingehen. Binnen Stunden sackten an diesem Tag alle Aktienkurse in den Keller, und die Welt stürzte in eine katastrophale Wirtschaftskrise. Arbeitslosenzahlen erreichten schwindelnde Höhen, Aggression hieß das Überlebensrezept. Auch im Film machte sich das bemerkbar. Während das »main-stream«-Kino eine Serie von Gangsterfilmen wie Howard Hawks' *Scarface* (Scarface, USA 1932) hervorbrachte, erlebten im phantastischen Kino die Monster ihre erste Blütezeit. Es wurde die klassische Periode der Horrorstars Bela Lugosi und Boris Karloff, die Stokers und Shelleys Schreckgespenstern zu legendären Leinwandinkarnationen verhalfen.

Als die Weltwirtschaftskrise dank Roosevelt schließlich überwunden war, entsannen sich die Produzenten wieder der Phantasie.

Den englischen Filmzaren Alexander Korda (»Fantasy ist zu einem unbekannten Genre geworden, und nur Walt Disney hat es mit seinen Cartoons am Leben erhalten.«) traf die Eingebung während eines Banketts zur Premiere seines Films *The Drum.* Zufällig saß ihm da Douglas Fairbanks gegenüber, und nach einem ausführlichen Gespräch entschied sich Korda, dessen *The Thief of Bagdad* neu zu verfilmen. An ein direktes Remake dachte er dabei allerdings nicht. In erster Linie sollte der Film als Vehikel für seine Kassenmagneten Conrad Veidt und Sabu dienen. Darüber hinaus sollte das Märchen seinem Bruder Vincent Gelegenheit zu großangelegten Ausstattungsorgien bieten. Also wurden die beiden Drehbuchautoren Miles Malleson und Lajos Biro angewiesen, zwar die üblichen Requisiten einer 1001-Nacht-Geschichte wie fliegende Teppiche oder Dschinns beizube-

halten, ansonsten aber eine gänzlich neue Story zu erfinden. Um ein möglichst breites Familienpublikum anzusprechen, sollten ferner die abenteuerlichen und märchenhaften Elemente des Fairbanks-Originals klar getrennt werden. Die Wunder und phantastischen Abenteuer blieben nun, wie in *Peter Pan,* dem Kind vorbehalten.
Die Handlung des neuen *Thief of Baghdad* (Der Dieb von Bagdad, GB/USA 1940) beginnt im Hafen von Basra, wo der blinde Bettler Ahmad (John Justin) für seinen schlauen Dackel um Almosen fleht. Der eben eingetroffene Zauberer Jaffar (Conrad Veidt) weiß nur zu gut, was es mit beiden auf sich hat, und läßt das Paar an den Hof seines Gastgebers (Miles Malleson) bringen. Dort erzählt der Bettler den Palastschönheiten seine Geschichte: Einst war er der König von Bagdad, bevor ihn sein Großwesir Jaffar verriet und in den Kerker werfen ließ. Nur dank der Hilfe des kleinen Diebs Abu (Sabu) gelang ihm die Flucht nach Basra. Von der Schönheit der Prinzessin von Basra (June Duprez) sogleich verzaubert, drang er in ihren Lustgarten ein. Beide schworen sich ewige Liebe. Aber auch Jaffar begehrte die Prinzessin. Er schlug seinen entmachteten Rivalen mit Blindheit und verwandelte Abu in einen Hund. Seither liegt die liebeskranke Prinzessin in einem todesähnlichen Schlaf. Ahmad, der mittlerweile gemerkt hat, wo er ist, erweckt sie mit einem Kuß, läßt die Prinzessin seiner Blindheit wegen aber mit Jaffar davonsegeln.
Auf dem Schiff verspricht der böse Zauberer für den Preis einer Umarmung die Aufhebung seines Fluchs. So geschieht es, und in einer zerbrechlichen Schaluppe machen sich Ahmad und Abu sogleich an die Verfolgung. Doch Jaffar beschwört einen Sturm herauf, der das kleine Boot kentern läßt. Für den gestrandeten Abu, den es an einen einsamen Strand verschlagen hat, beginnen phantastische Abenteuer. Er begegnet einem riesigen Dschinn (Rex Ingram), preßt ihm drei Wünsche ab, kämpft im Tempel des Allsehenden Auges gegen eine Riesenspinne, findet Ahmad mit Hilfe des

Auges und wünscht ihn in einem Zornausbruch nach Bagdad zurück. Damit sind die drei Wünsche aufgebraucht. Vom Dschinn verlassen, steht Abu allein in einem einsamen Cañon. Wütend zertrümmert er das Allsehende Auge und findet sich unvermittelt im Land der Legenden wieder. Auf einem gestohlenen fliegenden Teppich kehrt er von dort gerade noch rechtzeitig nach Bagdad zurück, um Ahmad und die Prinzessin vor der Enthauptung zu retten und den bösen Jaffar mit einem Schuß aus einer unfehlbaren Armbrust von seinem fliegenden Pferd zu holen.

Alexander Korda hatte sich an seinen Vorsatz gehalten und ein buntes Spektakel produziert, das den Vorstellungen von einem Märchen aus 1001 Nacht sehr nahe kam. Wieder zeichnete William Cameron Menzies für die verschwenderische Ausstattung verantwortlich. In sattem Technicolor standen weiße Marmorpaläste vor einem tiefblauen Himmel und flatterten die roten Segel von Jaffars Schiff im Wind. Statisten drängten sich in den Bilderbuchbasaren, während semiramisgleiche Lustgärten die Liebe zu ihrem Recht kommen ließen. Sowohl die Ausstattung wie George Perinals Farbfotografie wurden mit einem Oscar honoriert.

Korda scheute keine Kosten. Wo ein kleines Set, vereint mit geschickter Schnittechnik, vollauf genügt hätte, ließ er einen der größten Marktplätze der Filmgeschichte aufbauen – für eine Szene, die im fertigen Film weniger als eine Minute dauerte. Sein Hang zum Grandiosen führte bereits kurz nach Beginn der Dreharbeiten zum Bruch mit dem deutschen Regisseur Ludwig Berger. Berger nämlich konzentrierte sich hauptsächlich auf die Schauspieler und kümmerte sich weniger um die teuren Hintergründe. Um ihn aus dem Vertrag zu ekeln, spielte Korda den diktatorischen Co-Regisseur. Unmittelbar vor dem Abdrehen einer Szene warf er Bergers Regieanweisungen völlig über den Haufen und erteilte Stab und Besetzung eigene Instruktionen. Vorläufig gab Berger aber noch nicht auf. Seine Taktik wechselnd, beauftragte Korda zwei weitere Regisseure mit der Inszenie-

›The Thief of Baghdad‹ (Der Dieb von Bagdad, USA/England 1940) – der Dschinn (Rex Ingram) vor dem Tempel des Allsehenden Auges

rung größerer Filmteile. Tim Whelan sollte die Actionszenen handhaben, während Michael Powell sofort an die Küste von Cornwall gesandt wurde, um die Begegnung zwischen Abu und dem Dschinn, und, zusammen mit Lawrence Butler, weitere Trickszenen zu inszenieren.
Der Beginn des 2. Weltkriegs unterbrach die Arbeit. Korda verlegte die Produktion nach Amerika, wo Menzies und sein Bruder Zoltan die noch ausstehenden Szenen im Grand Cañon abdrehten. Insgesamt arbeiteten sechs verschiedene Regisseure an *The Thief of Baghdad*.

Offensichtliche Stilbrüche waren das Resultat. Dieser Mangel an innerer Geschlossenheit ließ die Schwächen des Films deutlich hervortreten. John Justin und June Duprez fehlte die Erfahrung, mit der sie sich eventuell hätten gegen die Trickeffekte behaupten können. Desgleichen Sabu, der gerade in der deutschen Synchronisation unsympathischer wirkt, als es die Rolle verlangen würde. Obschon mit einem Oscar ausgezeichnet, waren darüber hinaus auch die Spezialeffekte selbst größtenteils schlampig gemacht. Die Vorform der »travelling matte«, die für das fliegende Pferd und den Dschinn am Strand zur Anwendung kam, erzeugte Halos und ließ gelegentlich Teile der einkopierten Figuren transparent werden oder ganz verschwinden. Im umgekehrten Fall, bei kleinen Objekten, verwischten sich die Konturen bis zur Unkenntlichkeit. Gänzlich illusionszerstörend waren ferner die unbeweglichen Holzpuppen, die in den Flugsequenzen benützt wurden.
Dennoch war *The Thief of Baghdad* erfolgreich, lenkte er doch ein wenig von der bedrohlichen Weltlage ab. Allerdings paßte die unterschwellige Botschaft des Films auch genau ins Zeitgefüge. Der Retter vor dem Tyrannen, wie es die Basarpropheten von Bagdad mehrmals wiederholen, wird aus den untersten Schichten des Volkes kommen, denen die Freiheit das einzige und wertvollste Gut darstellt. Und es ist sicher kein Zufall, daß ausgerechnet der deutsche Schauspieler Conrad Veidt, neben Rex Ingram die beherrschende Persönlichkeit des Films, diesen Tyrannen verkörpert: »Es gibt nur drei Herrscher, die die Menschen respektieren – die Geißel, die sie schlägt; das Joch, das sie beugt; das Schwert, das sie tötet. Nur mit Gewalt, mit Verachtung und Schrekken wirst du der Herr der Erde.«
The Thief of Baghdad blieb nicht ohne Epigonen. Von einem »sense of wonder« war bei den Nachfolgern nichts mehr zu spüren; meist handelte es sich um orientalische Love-Storys oder Pluderhosen-Western, wobei das Technicolor vor allem die Röte des Blutes zur Geltung bringen mußte.

Ein Star genügte, die Story wurde seinem Image angepaßt. In *Arabian Nights* (Arabische Nächte, USA 1942) focht der athletisch-muskulöse Jon Hall, der ursprünglich für die Rolle von John Justin im *Thief* vorgesehen war, gegen seinen königlichen Bruder um die Hand der schönen, schauspiele-

›The Thief of Baghdad‹ – der deutsche »heavy« bei seinen Hexereien

risch aber völlig unbegabten Maria Montez, die mit weiteren Kamelopern vom Schlage eines *Ali Baba and the Forty Thieves* (Ali Baba und die vierzig Räuber, USA 1944) ihren Ruf als »Königin des Technicolor« begründete.
Als *Sindbad the Sailor* (Sindbad, der Seefahrer, USA 1947) turnte Douglas Fairbanks jr. – in gymnastischer Hinsicht ganz der Vater – vergeblich gegen ein geschwätziges Drehbuch an, das ihn nach einer verwicklungsreichen Schatzinselsuche schnurstracks in die Arme der Prinzessin Shireen (Maureen O'Hara) steuerte.
Nahmen sich dagegen bekannte Komiker des Orients an, kamen (mißglückte) Parodien heraus. Ihre scharfe Zunge wetzend, schwebte Lucille Ball, der Star einer sehr populären Fernsehserie, auf einem *Magic Carpet* (Der rote Falke von Bagdad, USA 1951) herum, während drei Jahre später Fernandel als Ali Baba einen morgenländischen Doppelgänger seines Don Camillo lieferte. *Ali Baba et les quarantes voleurs* (Ali-Baba) wurde, da die Produktion recht aufwendig war, gleich in zwei Fassungen simultan gedreht; je eine für den europäischen und den arabischen Markt.
Eher unfreiwillig komisch wirkte *Son of Ali Baba* (Der Sohn von Ali Baba, USA 1952) mit einem jugendfrischen Tony Curtis in der Hauptrolle: »Da gibt es eine feudale Reitertruppe, zu deren kameradschaftlichem Umgangsstil es gehört, sich gegenseitig niederzuschlagen und die väterlichen Paläste einzuäschern. Da gibt es orientalische Bacchanale, auf denen sich die Mädchen mit peinlicher Eindeutigkeit den begehrten Männern anbieten. Da gibt es eine schwarzhaarige Amazone, die kaltlächelnd mit ihrem Flitzebogen in Heckenschützenmanier die Männer durch die Brust schießt, einen Kalifensohn, der sich wie ein Gangster, und eine Prinzessin, die sich wie eine moderne Bardame benimmt. Das alles ist süßlich, pseudoromantisch, konventionell – ein Massenkonsumartikel mit scheinbar orientalischem Kolorit, aber unverkennbar Hollywoodscher Herkunft« monierte der »Filmbeobachter« und umschrieb damit genau die For-

›Son of Ali Baba‹ (Der Sohn von Ali Baba, USA 1952) – Tony Curtis in gewohnter Umgebung

mel, nach der diese Routineprodukte heruntergekurbelt wurden. Ob sie nun *The Thief of Damascus* (Abu Andar, Held von Damaskus, USA 1952) hießen, *The Golden Blade* (Das goldene Schwert, UA 1953) oder *Son of Sinbad* (Sindbads Sohn, USA 1955), stets diente die Szenerie Arabiens nur als farbenprächtiger Vorwand für Schwertgeklirr und Fleischbeschau. Das Phantastische und Märchenhafte blieb dabei großenteils auf der Strecke, vermuteten die Produzenten doch in den geschickt verhüllten Rundungen einer Piper Laurie größere Publikumswirksamkeit als in einem fliegenden Pferd.

Sabu and the Magic Ring (USA 1957) hieß das letzte, allerdings eher naive denn erotische Werk dieser Serie belang- und erfolgloser B-Produktionen. Wieder spielte Sabu, der zeit seines Lebens nie vom Abu-Image loskommen konnte, einen Jungen aus der Unterschicht, der mit Hilfe eines

schwarzen Lampengeists (William Marshall) den Kalifen vor den Intrigen seines Großwesirs bewahrt.
Vom »sense of wonder« des *Thief of Baghdad* war aber auch in diesem Film nichts übrig geblieben. Nicht zu Unrecht vermerkte Bosley Crowthers daher, daß Scheherazade mit solchen Erzählungen wohl kaum 1001 Nacht lang überlebt hätte.

Der Boom

Angesichts der Weltlage in den Fünfzigern ist dieser Triumph der Phantasielosigkeit im Fantasy-Film nur zu verständlich. Nach dem Heißen war der Kalte Krieg über die Menschheit hereingebrochen, und in dieser beklemmenden Ära hatte das Publikum einfach keinen Sinn für das Wunderbare – dachten zumindest die Produzenten. Daß das vielleicht ein Irrtum sein könnte, zeigte der Erfolg von *20000 Leagues Under the Sea* (20000 Meilen unter dem Meer, USA 1954): Wohl enthielt auch dieser Film noch etliche Referenzen an das Thema, das die Menschen zu jener Zeit vornehmlich beschäftigte; nach wie vor ging es um die Macht des Atoms. Mit ihrer märchenhaft-nostalgischen Stimmung war die Disney-Produktion aber auch ein erster Versuch, vom Neurotisch-Zwanghaften anderer Filme wegzukommen. Vorerst blieb es bei dieser Ausnahme, das phantastische Kino verstieg sich weiterhin in geradezu abstruse Umsetzungen der Invasionsängste. Es dauerte noch eine Weile, bis zahllose B-Filme das Thema totgeritten hatten. Dann aber kehrte, wie schon Ende der Dreißiger, die Phantasie zurück. Dieses Mal fiel sie auf einen fruchtbareren Nährboden.
Ab 1958 erlebte das Fantasy-Genre eine große Renaissance. Die Stoffe wurden vielfältiger als je zuvor: Einige Filme entdeckten Mythologien, die nie zuvor abgehandelt worden waren. Japanische Filme mit mythologischem Einschlag tauchten plötzlich auf den Leinwänden der westlichen Welt auf. Selbst das SF-Genre, das durch die Sputnik-Realität inzwischen eingeholt worden war, wandte sich erneut der Science Fantasy zu und beschäftigte sich wieder mit den versunkenen Welten.
Die Blütezeit währte nicht sehr lange. Nach ersten, oft recht gelungenen Umsetzungen verschwanden die meisten der neu erschlossenen Sujets rasch von der Bildfläche. An der

prekären Weltlage – das bewies die Kuba-Krise – hatte die Flucht in die Märchenwelt nichts zu ändern vermocht. Am längsten hielt sich noch der berühmt-berüchtigte neomythologische Film, in dem der Sohn des Zeus und andere ihre mächtigen Muskeln spielen lassen durften. Aber auch Scheherazades Märchen erfreuten sich für einige Zeit gewisser Beliebtheit.

1001 Nacht – Dritter Anlauf

Am Anfang der Rückbesinnung auf das Märchenhaft-Phantastische, zumindest was das amerikanische Kino anbetraf, stand *The 7th Voyage of Sinbad* (Sindbads siebte Reise, USA 1958). Inszeniert hatte den Film Nathan Juran, der auch schon bei *The Golden Blade* Regie geführt hatte. Doch das war in diesem Fall nicht wichtig. *The 7th Voyage of Sinbad* war ganz unbestreitbar das Werk Ray Harryhausens, dem wohl bekanntesten Stop-Motion-Experten der Welt. Und das in mehrfacher Hinsicht.

In einigen erfolgreichen SF-Filmen wie *The Beast from 20000 Fathoms* (Panik in New York, USA 1953) oder *Twenty Million Miles to Earth* (Die Bestie aus dem Weltenraum, USA 1957) hatte der 1920 geborene Schüler von Willis O'Brien bereits Rhedosaurier, Venuswesen und einen Riesenkraken belebt. Nun da sich der SF-Boom seinem Ende zuneigte, wollte er sich ein neues Arbeitsfeld erschließen. Das Fantasy-Genre und insbesondere die Sindbad-Geschichten schienen hierfür aus zwei Gründen ideal. Zum einen strotzten die Geschichten nur so von magischen Monstren und seltsamen Geschöpfen. Und zum anderen spielte eine prinzipiell unvermeidbare Schwäche des Stop-Motion-Verfahrens, die unnatürliche Bildschärfe vor allem bei schnellen Bewegungen, in einem irrealen Märchen keine so große Rolle wie in den (der Wirklichkeit näher stehenden) SF-Filmen.

In seiner Freizeit hatte Harryhausen bereits mehrere Skiz-

zen entworfen, mit denen er jetzt ergebnislos hausieren ging. Vier oder fünf Produktionsfirmen lehnten die Finanzierung des Projektes ab, umschwebte Sindbad nach dem Flop von *Son of Sinbad* doch der deutliche Ruch des Kassengifts. Erst einige Monate später, als er die Entwürfe durch Zufall seinem Leibproduzenten Charles H. Schneer zeigte und dieser sofort begeistert war, kam das Projekt dann doch noch ins Rollen. Aus Furcht vor Verwechslung wählte Harryhausen dabei einen neuen Namen für seine Trickeffekte: »Jedes Mal, wenn in der Vergangenheit jemand das Wort Animation erwähnte, dachte das Publikum sofort an Zeichentrickfilme. Charles und ich hielten es für sehr wichtig, einen neuen Namen für die Kombination zwischen Puppenanimation und Realfilm zu erfinden. Und so entstand der Namen Dynamation.«
Kenneth Kolb fügte die Ideen der Harryhausen-Skizzen in ein Drehbuch ein, das das »brillante neue Filmverfahren Dynamation« (so der Werbetext) dramaturgisch geschickt zur Geltung brachte.
Der Film beginnt mit einer Art Teaser, der das Publikum auf die zu erwartenden Wunder einstimmen sollte. Aus Chandra unterwegs zu seiner Hochzeit mit Prinzessin Parisa (Kathryn Grant) von Bagdad, legt Sindbad (Kerwin Mathews) mit seinen Männern einen Zwischenstop auf der einsamen Insel Colossa ein. Plötzlich läuft ihnen ein entsetzter Magier namens Sokura (Torin Thatcher) entgegen, dicht verfolgt von einem gehörnten Zyklopen. Während Sindbads Männer den Riesen ablenken, beschwört Sokura einen Lampengeist (Richard Eyer) herauf. Im Schutze dessen unsichtbarer Barriere können sie entkommen. Dabei geht allerdings die gestohlene Lampe über Bord. Der Zyklop fischt sie auf und trottet zufrieden nach Hause.
Nach dieser ersten Dynamation-Kostprobe rollt die eigentliche Handlung an: Um Sindbad zur Rückkehr nach Colossa zu zwingen, verwandelt Sokura die noch unverheiratete Parisa in einen Däumling und sorgt damit ganz nebenbei für

eine deutliche Abkühlung der bilateralen Beziehungen zwischen Bagdad und Chandra. Das Gegenmittel, so erläutert Sokura genüßlich, wäre ein Stück aus der Schale eines Roch-Eis, das es nur auf Colossa gibt. Sindbad läßt eine gewaltige Armbrust konstruieren und segelt mit einer Mannschaft aus Verbrechern los. Nachdem die Vorbeifahrt an der Insel der Sirenen ein Meutereiproblem gelöst hat, landen die Männer auf Colossa und dringen in das Innere des Landes ein, nur um von einem Zyklopen als Futtervorrat in einen Käfig gesperrt zu werden. Die geschrumpfte Parisa verhilft ihnen zur Flucht (übrigens eine der wenigen Szenen, für die eine »travelling matte« benötigt wurde: Dynamation funktioniert per Rückprojektion).

Sindbad blendet den Zyklopen, der von einem Kliff stürzt. In dessen Schatzkammer findet sich auch die Wunderlampe wieder und weiter geht die Suche nach dem Roch-Ei. Fündig geworden, laben sich die Männer am gerade geschlüpften Drei-Meter-Küken, bevor die Mutter kommt und den Spieß umdreht. Sokura nützt die Gelegenheit und kidnappt Parisa. Vom Lampengeist geführt folgt ihm Sindbad in sein Schloß, schleicht sich am Wachdrachen vorbei und zwingt Sokura, Parisa rückzuvergrößern.

Das daraufhin folgende Duell zwischen Sindbad und einem heraufbeschworenen lebenden Skelett war der Höhepunkt des Films. Vor dem glücklichen Ende folgten zwar noch ein Kampf zwischen Drachen und Zyklop sowie der Abschuß des Drachens mit der riesigen Armbrust, die technische Finesse und atmosphärische Dichte der Skelettszenen konnten diese Dynamation-Sequenzen aber nicht mehr erreichen. Enzo Musumeci-Greco, ein italienischer Olympiafechter, studierte mit Kerwin Mathews einen präzis choreographierten Fechtkampf ein, und spielte in den Proben den Part des Skeletts. Dies deshalb, damit Mathews, Grant und Thatcher genau wußten, in welche Richtung sie später bei der eigentlichen Aufnahme zu sehen hatten, wo sich an dieser Stelle natürlich nur leere Luft befand. Im fertigen

›The 7th Voyage of Sinbad‹ (Sindbads siebte Reise, USA 1958)

Film verstärkte Komponist Bernard Herrmann den Effekt dann noch, indem er die Szene mit Kastagnettenklängen untermalte, die sich nach klappernden Knochen anhörten.
Der Stellenwert von *The 7th Voyage of Sinbad* im Fantasy-Genre begründet sich freilich weniger in seiner qualitativ erstklassigen, vor allem in den Bewegungsabläufen ungeheuer überzeugenden Stop-Motion-Technik und schon

›The 7th Voyage of Sinbad‹ – der berühmte Kampf gegen das Skelett

gleich gar nicht im »Können« seiner Schauspieler oder des Regisseurs Nathan Juran. Innovativ wirkte der Film einzig und allein durch seine Art des Erzählens: Waren in der Fantasy bislang die abenteuerlichen und märchenhaften Elemente bislang noch weitgehend unverbunden nebeneinander gestanden, hatte Harryhausen, dem eine eskapistische Exkursion aus der düsteren Ära des Kalten Krieges in die Welt kindlicher Phantasie vorgeschwebt hatte, in *The 7th Voyage of Sinbad* zum ersten Mal in einem orientalischen Abenteuerfilm konsequent das geschlossene Erzählsystem

der Märchen benutzt: »Anders als im Tempel des Allsehenden Auges oder den Szenen mit dem fliegenden Pferd in *The Thief of Baghdad* gibt es hier keine extravagante, selbstzweckhafte Zurschaustellung von Spezialeffekten, die den Fluß der Handlung unterbrechen. Der Lampengeist, die Monster und Sokuras Zaubereien behandelt *The 7th Voyage of Sinbad* auf sehr alltägliche Weise. Dem Film gelingt so der Aufbau eines eigenständigen, von seltsamen Regeln determinierten Universums.« (Jeff Rovin)
Zu diesem Zweck löste der Film auch die Beschränkung auf einen feststehenden Mythenkreis auf, was ihn ja wiederum näher an eine (mehr oder weniger) definierte Realität her-

›The 7th Voyage of Sinbad‹ – Sokuras Drache

angerückt hätte. Freizügig verknüpfte *The 7th Voyage of Sinbad* Elemente der arabischen und griechischen Mythologie: Zwar sind der Vogel Roch und der Lampengeist Kinder des Orients, die Blendung des Zyklopen und die Insel der Sirenen freilich entstammen einwandfrei Homers Ilias.

The 7th Voyage of Sinbad, der seine Produktionskosten von 630 000 Dollar zehnfach wieder einspielte, löste eine neue Welle von Filmen aus, in denen das Phantastische wieder verstärkt zu seinem Recht kam. Nur die wenigsten behielten indes die Erzählhaltung der Harryhausen-Vorlage bei, so z. B. die direkte Hommage *Jack the Giant Killer* (Der Herrscher von Cornwall, USA 1962). Das Gros hatte nichts dazugelernt.

Nach dem akzeptablen und auch hierzulande wohlwollend aufgenommenen Zeichentrickfilm *1001 Arabian Nights* (Wenn es Nacht wird in Arabien, USA 1959, Regie: Jack Kinney), in dem der kurzsichtig-schußlige Mr. Magoo in einer humorvollen Abhandlung des Aladin-Motivs auftrat, ging es schnell bergab.

The Wizard of Baghdad (USA 1960, Regie: George Sherman) beging den oft gemachten Fehler, das Thema durch moderne Anspielungen zu einer zeitgemäßen Satire auf Gigantomanie und »Haremitis« früherer Verfilmungen machen zu wollen. Der zweitklassige Fernsehkomiker Dick Shawn spielte hier einen betrunkenen Dschinn, der beim König der Lampengeister in Ungnade fällt und als normaler Sterblicher den Sturz des Usurpators sowie die Heirat zwischen dem rechtmäßigen Prinzen Husan und Prinzessin Yasmin einfädeln muß. Die Tricktechnik geriet im übrigen nicht weniger armselig als die Story.

Weniger durch Harryhausen als aufgrund des internationalen Erfolgs der *Herkules*-Filme waren auch die italienischen Produzenten auf den Fantasy-Geschmack gekommen. Mit dem Hauptdarsteller jener Streifen, Steve Reeves, inszenierte Arthur Lubin 1960 eine dritte Fassung des *Thief of Baghdad.*

›Il ladro di Bagdad‹ (Der Gauner von Bagdad, Italien 1960)

Der Tapsigkeit des Protagonisten angemessen, erzählte *Il ladro di Bagdad* (Der Gauner von Bagdad) seine schwerfällige Version der Fairbanks-Story: Beim Diebeszug durch die königliche Hochzeitsgesellschaft von Bagdad verliebt sich der als Prinz verkleidete Dieb Karim in die Braut, Prinzessin Amina (Georgia Moll). Osman (Arturo Dominici), der eigentliche Anwärter, reagiert sauer und flößt seiner nun plötzlich heiratsunwilligen Ehefrau in spe einen Zaubertrank ein. Bei der bereits verliebten Amina löst er damit einen todesähnlichen Schlaf aus. Karim schließt sich der Suche nach der heilenden blauen Zauberblume an. Dank der Hilfe eines Magiers (George Chamarat) trotzt er als einziger

›Il ladro di Bagdad‹

den »Sieben Toren« und ihren Gefahren. Er fängt das fliegende Pferd, bezwingt die Gesichtslosen und einen unsichtbaren Riesen und hackt sich seinen Weg durch einen Wald aus Schlangenbäumen. Mit der Rose zurückgekehrt beschwört er aus einem Zauberdiamanten noch eine Armee von Doppelgängern herauf, um die Bedrohung Bagdads durch den enttäuschten Osman abzuwenden. Bleibt nur noch, die Hochzeit zwischen Karim und Amina zu feiern.
Der Tradition des Muskelmannkinos verhaftet, sah der Film seine Aufgabe im wesentlichen darin, mimisch unbegabte und desinteressierte Schauspieler durch eine überreich aus-

gestattete Szenerie trotten zu lassen, der man nur zu deutlich das Pappmaché ansah. Kompensiert wurden diese, den Produktionsbedingungen zuzuschreibenden Schwächen allerdings durch eine geradezu kindlich-naive Freude am Filmen an sich, die in diesem arabischen Märchen womöglich deut-

›La freccia d'oro‹ (Der goldene Pfeil, Italien 1962)

licher zum Vorschein kommt als in der *Herkules*-Serie. Durch seinen extrovertierten Stil hart an der Grenze zur Parodie stehend, handelte der Film sein Thema gut gelaunt und auch phantasievoller als seine griechisch-römischen Vorreiter ab. *Il ladro di Bagdad* ist sicherlich kein Meisterwerk des Genres und bewegt sich schon gleich gar nicht auf der Ebene der Fairbanks- und Korda-Version. In der Relation bietet aber auch der dritte »Dieb« noch mit Abstrichen annehmbare Unterhaltung.
Nur zu schnell versickerte jedoch Italiens »sense of wonder« im erotisch gewürzten Sand konventioneller Abenteuerfilme.
Bemerkenswert an *Le meraviglie di Aladino* (Aladins Abenteuer, I 1961 Regie: Henry Levin) ist im Grunde nur die Besetzung des Lampengeistes mit Vittorio de Sica, einem bekannten und oscarprämierten Vertreter des Neorealismus. Ansonsten orientierte sich die dramatische Spannung der kalten Routine-Inszenierung vornehmlich am jungen Publikum; als Entschädigung für die Erwachsenen gab es zudem harmlose Pin-up-Reize in Cinemascope und ein eingeflochtenes Amazonenabenteuer.
La freccia d'oro (Der goldene Pfeil, I 1962) koppelte griechische mit arabischer Mythologie und stellte ein Motiv der Ilias, die Heimkehr des Odysseus und Penelopes Bogentest, in die Umgebung von Damaskus. Als Nachzieher zu *Il ladro di Bagdad* gedacht, blieb die Handlung jedoch Stückwerk und konnte den naiven Charme ihres Vorbilds nicht erreichen. Daneben war Tab Hunter als Prinz Hassan vom Typ her eine glatte Fehlbesetzung. Regie führte Antonio Margheriti, der sich auch heute noch in erster Linie als Erfolgsplagiator *(Jäger der Apokalypse, Fluch des verborgenen Schatzes)* betätigt.
Aus den Münchner Bavaria-Studios kam schließlich noch Byron Haskins *Captain Sindbad* (Kapitän Sindbad, USA/BRD 1963): Um Prinzessin Jana (Heidi Brühl) vor dem bösen Tyrannen El Kerim (Pedro Amendariz) zu retten, muß

›Captain Sindbad‹ (Kapitän Sindbad, USA/BRD 1963)

Sindbad (Guy Williams) dessen Herz töten, das in einem fernen Turm versteckt ist. Obwohl er auf dem Weg dabei Krokodile, Sümpfe, einen zwölfköpfigen Drachen und einen unsichtbaren Riesen zu überwinden hatte, gab sich das aufwendige Kolossalgemälde doch über weite Strecken eher als gut gemachter Swashbuckler denn als Fantasy-Film.
Damit war das 1001-Nacht-Kino wieder an dem Punkt angelangt, an dem *The 7th Voyage of Sinbad* angesetzt hatte. Imaginativere Nachfolger fand das Harryhausen-Abenteuer nur unter jenen Filmen, die sich anderen Mythologien zuwandten. Die erste Alternative zum Orient, die dabei reklamiert wurde, war die irische Märchen- und Sagenwelt.

Heinzelmännchen und Gargoylen

Noch in der Tradition des »film blanc« hatte Henry Koster 1947 mit *Luck of the Irish* eine erste Komödie zum Thema inszeniert. Tyrone Power spielte damals einen Reporter aus New York, dem ein irischer Kobold die Auswahl seiner Zukünftigen erleichterte. Den Disney-Studios aber blieb es vorbehalten, den »Leprechauns« (zu deutsch etwa soviel wie Heinzelmännchen), jenen typischen Figuren der irischen Folklore, ein markantes Denkmal zu setzen.
Wie nicht anders zu erwarten, drängte *Darby O'Gill and the Little People* (USA 1959, Regie: Robert Stevenson) dabei natürlich die Abenteuerelemente zugunsten des Märchenhaften etwas zurück: Hausverwalter Darby O'Gill (Albert Sharpe), von seiner Lordschaft in den Ruhestand versetzt, stürzt durch einen Brunnenschacht ins Reich des Zwergenkönigs Brian (Jimmy O'Dea). Durch einen Trick entkommen, erwartet Darby seinen Verfolger mit einer Flasche selbstgebrannten Whiskeys. Beide besaufen sich mächtig und Brian versäumt darüber die Dämmerung. Skrupellos nötigt Darby dem im Tageslicht hilflosen Winzling drei Wünsche ab. Brian muß zustimmen, doch ein vierter Wunsch, so droht er, werde alle anderen ungeschehen machen. Zwei davon sind bereits verschwendet, als Darbys Tochter Katie (Janet Munro) schwer verunglückt. Schon lauert eine grün flirrende Todesfee vor der Tür, und eine Todeskutsche samt kopflosem Kutscher rollt aus dem regenverhangenen Himmel herab. Einmal ausgesandt, muß sie auch einen Passagier ins Jenseits befördern. Darby wünscht sich, anstelle von Katie mitzufahren und so geschieht es. Hoch oben in den Wolken sorgt der gewitzte Brian dann aber doch noch für ein Happy-End, indem er Darby einen vierten Wunsch entlockt.
Diese dramaturgisch geschickt vorbereiteten und effektvoll inszenierten Schlußminuten sowie das stimmige Lokalkolorit übertünchen so manche Schwachstellen in der Handlung,

die im wesentlichen von einer aufgepfropften Love-Story zwischen Katie und Darbys Nachfolger Michael (Sean Connery) herrühren. Weniger spektakulär als die Todeskutsche, aber um so verblüffender war indes das Zusammenspiel zwischen Menschen und Zwergen. Da keine Matte-Linsen die Illusion ramponieren sollten, verzichtete Peter Ellenshaw gänzlich auf das Übereinanderkopieren mehrerer Filmstreifen und bediente sich statt dessen eines Sets von enormen Ausmaßen und perspektivischer Tricks. Den Oscar sollte Ellenshaw allerdings nicht für dieses »perfekteste Perspektivenspiel der Filmgeschichte« (Steven Spielberg), sondern erst für die weitaus unvollkommenere *Mary Poppins* erhalten.
Wie als Anzeichen für die kreative Lähmung, die das Studio befallen sollte, rollte der erste Film nach Disneys Tod das Thema übrigens ein weiteres Mal auf. *The Gnome-Mobile* (USA 1967, Regie: Robert Stevenson) verlegte Darby O'Gills irische Leprechauns in einen kalifornischen Wald,

wo sie ein Millionär (Walter Brennan) und seine beiden Schützlinge vor einem Zirkusbesitzer und manch anderer Unbill rettete. Als unübersehbar konfektionierte Familienunterhaltung ließ der Nachfolger sowohl Frische, Schwung als auch die tricktechnische Perfektion des Originals missen, war an der Kasse aber nicht weniger erfolgreich.
Nicht die irische, sondern die keltische Mythologie bildete den Hintergrund des bereits erwähnten *Jack the Giant Killer* (Der Herrscher von Cornwall).
Im Vordergrund freilich stand zunächst einmal schlichtes Kommerzdenken: Der Produzent des Films, Edward Small, war 1957 einer derjenigen gewesen, die die Finanzierung des Harryhausen-Projekts *The 7th Voyage of Sinbad* abgelehnt hatten. Als sich zur großen Verblüffung aller dessen Erfolg abzeichnete, hängte sich Small kurzerhand an den Trend. Er verpflichtete Nathan Juran, Kerwin Mathews und Torin Thatcher – Regisseur und Hauptdarsteller des Sindbad-Films – und schuf mit der Stop-Motion-Hilfe von Jim Danforth seine Version der *Siebten Reise,* die sich, was Bildelemente anbetraf, auch freizügig aus *Darby O'Gill and the Little People* oder *La Belle et la Bête* bediente.
Nach langen Jahren in der Verbannung kehrt Pendragon (Torin Thatcher), der Herr aller Kobolde und Furien, von seiner einsamen Insel zurück, um den Thron von Cornwall zu erobern. Er sendet einen gehörnten Riesen aus, der König Marks Tochter Elaine (Judi Meredith) entführt. Jack (Kerwin Mathews), ein Bauernsohn, erschlägt das Monster mit der Sense und rettet die Prinzessin. Zum Ritter geschlagen, soll er nun Elaine ins sichere Frankreich eskortieren. Doch die verhexte Lady Constance (Anna Lee) verrät den Plan. Pendragon hetzt seine Dämonen gegen das Schiff, und Elaine wird ein zweites Mal verschleppt. Jack drängt auf Verfolgung, doch die meuternde Mannschaft wirft ihn und den Schiffsjungen Peter (Roger Mobley) über Bord.
Ein alter Wikinger namens Sigurd (Barry Kelley) fischt die beiden auf. Mit der Hilfe von Sigurds reimwütigem Fla-

›Jack the Giant Killer‹ (Der Herrscher von Cornwall, USA 1962) – Torin Thatcher

schengeist, der Jack im Austausch gegen seine Freiheit drei Wünsche gewährt, dringt der »Riesentöter« in Pendragons Schloß ein und überwindet dessen Zombiekrieger. Elaine jedoch steht mittlerweile unter einem Zauberbann. Als der von ihr betäubte Jack wieder erwacht, liegt er in Ketten. Sigurd ist in einen Hund, Peter in einen Schimpansen verwandelt. Jack kann sich befreien, zertrümmert Elaines Spiegelbild und löst sie damit aus dem Bann. Im Schutz einer (eher drolligen als bedrohlichen) grünen Riesenkrake, die der Heinzelmann gegen Pendragons zweiköpfiges Monster heraufbeschworen hat, entkommen die vier aufs Schiff. Damit sind aber auch die drei Wünsche erschöpft. Jack muß ohne Hilfe gegen den geflügelten Gargoylen antreten, in den sich Pendragon verwandelt hat. Hoch in den Lüften stößt er ihm sein Schwert ins Genick, Sigurd und Peter erlangen ihre menschliche Gestalt zurück, und Jack kann mit seiner Elaine in den Regenbogen davonsegeln.

Durch seine gewollte Ähnlichkeit läuft jede Bewertung von *Jack the Giant Killer* naturgemäß auf einen Vergleich zu *The 7th Voyage of Sinbad* hinaus. So kann z. B. Jim Danforths Stop-Motion-Arbeit der Harryhausenschen nicht das Wasser reichen. Die Riesen und der Gargoyle sind grob und ungeschlacht konstruiert, falsch proportioniert und längst nicht so detailbewußt animiert wie der Drache Sokuras. Andrerseits stattete Orville Hamptons die in der Vorlage doch etwas platten menschlichen Charaktere mit größerer Tiefe aus und flocht die Tricks auch etwas raffinierter in die Handlung ein. Auch die Schauspieler wirkten weniger verkrampft. Torin Thatcher etwa bereitete seine Lugosi-Interpretation geradezu diebisches Vergnügen.

Ray Harryhausen trug das Plagiat übrigens mit Fassung, hatte er doch selbst Jim Danforth einige Tricks verraten.

Edward Small war aber nicht der einzige, der sich im Streben nach schnellen Dollars an die keltische Mythologie wandte. Als das Publikumsinteresse an seinen billigen SF-Quickies Ende der Fünfziger verebbte, setzte auch Bert I. Gordon *(Der Koloß, Attack of the 50 Foot Woman)* auf das Mittelalter.

The Magic Sword (USA 1962) erzählt die Legende um St. Georg und den Drachen: Von seiner Hexenmutter Sybil (Estelle Winwood) mit Zauberpferd und Zauberschwert ausgerüstet, zieht George (Gary Lockwood) zusammen mit sechs Rittern los, die Prinzessin Helene (Anne Helm) aus

Entwurf für ›Jack the Giant Killer‹

den Fängen des Zauberers Lodak (Basil Rathbone) zu befreien. Einen haarigen Riesen, den tückischen Lavasumpf, eine Vampirin und die Höhle der Feuerdämonen überwindet er dank seiner magischen Utensilien und des Opfermuts seiner Gefährten noch allein; nur gegen Lodak selbst und seinen Drachen benötigt er am Ende doch noch Sybils Hilfe. Wie *Jack the Giant Killer* war auch *The Magic Sword* ein gut gemachter B-Film, der budgetbedingte Schwächen durch ein relativ einfallsreiches Skript ausreichend überdecken konnte. Neben einigen gelungenen Make-up-Leistungen sowie dem leidlich überzeugenden Drachen lebt der Film in erster Linie von seinen skurrilen Charakteren, den Humortropfen, die bekannte Schauspieler wie Rathbone und Winwood in die Handlung einbrachten. Ferner gaben die total artifiziellen Studiobauten, die sich nur zu deutlich an Cormans Poe-Filme anlehnten, der Sache einen gewissen Reiz. Abseits ihrer Unterhaltungsqualitäten mag beiden Filmen schließlich auch dadurch ein gewisser Stellenwert zukommen, daß sie als erste den Ritterroman, der ja auch eine Basis der Fantasy darstellt, annähernd kongenial auf die Leinwand übertrugen, ohne ihn nach Art eines *Prince Valiant* (Prinz Eisenherz, USA 1954) zu einem prunkvollen Kostümabenteuer zu verflachen. Bedingt durch den kommerziellen Mißerfolg von *Jack the Giant Killer* und *The Magic Sword* fand diese Annäherung jedoch keine weitere Fortsetzung mehr.

Versunkene Welten

Nicht von langer Dauer war das Märchenhafte auch in der Science-Fiction, die für kurze Zeit wieder auf Science-Fantasy einschwenkte.

Wie als Vorbote kam 1957 mit *The Land Unknown* (Flug zur Hölle) eine freie Verfilmung von Edgar Rice Burroughs

›The Land Unknown‹ (Flug zur Hölle, USA 1957)

›The Land Unknown‹

›Journey to the Center of the Earth‹

»The Land that Time Forgot« (1918) in die Kinos. Das »unbekannte Land«, das war eine vulkanische Enklave im ewigen Eis der Antarktis, wo eine abgestürzte Helikopterbesatzung gegen Tyrannosaurier und menschenfressende Pflanzen zu kämpfen hat. Mit der Hilfe eines gleichfalls abgestürzten Captains, der bereits seit 25 Jahren in diesem Land lebt, gelingt ihnen schließlich die Flucht. Leider half die gelungene Szenenausstattung von Alexander Golitzen und Richard Riedel nicht über die farblose Regie von Virgil Vogel und die schwache Tricktechnik hinweg, die sich wie ein Kompendium aller Möglichkeiten zur Monsterbelebung ausnahm und recht unbekümmert zwischen Stop-Motion, Pappmaché, Mann-im-Kostüm und Eidechsenvergrößerung pendelte.

Den eigentlichen Beginn einer kurzen »lost world«-Renaissance markiert aber erst die, wiederum nach *The 7th Voyage of Sinbad* entstandene, *Journey to the Center of the Earth* (Reise zum Mittelpunkt der Erde, USA 1959, Regie: Henry Levin).

Bereits 1909 war Jules Vernes Roman um die seltsame Botschaft des altisländischen Alchimisten Arne Saknussem (»Steig in den Krater des Snoeffelsjökull ... und du gelangst zum Mittelpunkt der Erde. Das habe ich getan.«) von Segundo de Chomon das erste Mal verfilmt worden. In ihrem Bemühen um eine Anpassung an Hollywood-Konventionen gingen die Drehbuchautoren der neuen Fassung, Walter Reisch und Charles Brackett, allerdings recht frei mit der Vorlage um: Die Frau eines toten Rivalen (Arlene Dahl) begleitet nun Professor Lindenbrook (James Mason), seinen Schüler Alec (Pat Boone) und den isländischen Führer Hans (Peter Ronson) samt Ente Gertrud bei ihrer Reise. Zusätzlich wird das Quartett dabei noch von einem Nachfahren Saknussems (Thayer David) verfolgt, der die Entdeckung seines Urahnen gerne für sich reklamieren möchte.

Ihnen allen tut sich im Innern der Erde eine farbenprächtige Wunderwelt auf. Phosphoreszierende Wände illuminieren ihren Abstieg; Alec verläuft sich und stürzt in eine kristallgeschmückte Salzmine; auf einem Floß aus versteinerten Pilzstämmen überquert die Expedition einen unterirdischen Ozean, gerät dabei in einen Mahlstrom, begegnet urweltlichen Monstern (photographisch vergrößerte Iguanas) und stößt schließlich am Erdmittelpunkt auf das versunkene Atlantis und das Skelett Saknussems, dessen ausgestreckter Finger ihnen den Weg zurück an die Erdoberfläche weist. Professor Lindenbrook sprengt den Basaltbrocken, der den Rückweg versperrt, und löst damit eine Vulkaneruption aus. Die Forscher klettern in eine riesige Opferschale aus Asbest und lassen sich von der glühenden Lava nach oben tragen. Auf Sizilien findet ihre phantastische Reise ihr Ende.

›Journey to the Center of the Earth‹ (Reise zum Mittelpunkt der Erde, USA 1959) – am Kraterrand

Bemerkenswert an der parodistisch angehauchten Produktion ist vor allem ihre visuelle Poesie, der Appell an den »sense of wonder«. Nachdem Anfang der Fünfziger die »lost world«-Thematik nur gelegentlich in kuriose ideologische Traktate wie *Unknown World* (USA 1950, Regie: Terrell O. Morse) oder *Lost Continent* (USA 1951, Regie: Samuel Newfield) eingeflossen war, kehrte die Science-Fantasy nun zu ihren Anfängen zurück. Märchenhaft-phantasievolles Fabulieren und eine kindliche Freude an Trickspielereien à la Méliès kamen wieder verstärkt in Mode.

Damit verbunden war natürlich die Gefahr, spektakuläre Bilder auf Kosten der Handlung überzubewerten. Irwin Allens *The Lost World* (Versunkene Welt/Urupara – die versunkene Welt, USA 1960), ein unwesentlich modernisiertes und auf die finale London-Zerstörung verzichtendes Re-

make des Hoyt-Klassikers, war ein solches Beispiel für einen puren Ausstattungs- und Effektfilm: Die Dschungellandschaft des Amazonasplateaus, die zu Dinosauriern aufgeblasenen Eidechsen und die blubbernden Lavaseen im Friedhof der Verdammten, an denen vorbei Professor Challenger (Claude Rains) seine Begleiter vor dem vulkanischen Kataklysmus rettet, sind sicherlich eindrucksvoll. Gerade in der ersten Hälfte aber stellte der Film nichts weiter dar als eine Ansammlung banalster Dialoge, dargebracht von hölzern agierenden Schauspielern wie Jill St. John und Michael Rennie.

Wie schon im Original sollte ursprünglich Willis O'Brien die Bronto- und Tyrannosaurier animieren. Noch in der Vorbereitungsphase entschied sich Allen jedoch für die billigere Methode und als einer unter vielen mußte sich der große Stop-Motion-Experte nun mit kamerascheuen Eidechsen herumquälen.

Sein Schüler Ray Harryhausen animierte unterdessen die seltsamen Geschöpfe, die fünf per Ballon aus der Kriegsgefangenschaft geflohene Konföderierte auf der *Mysterious Island* (Die geheimnisvolle Insel, GB 1961) erwartete. Mit Jules Vernes »L'Île Mystérieuse« (1929, 1941 und 1950 bereits dreimal verfilmt) hatte Cy Endfields flott inszeniertes Dynarama-Abenteuer freilich nur noch die Ausgangssituation gemein. Stand bei Verne noch die Robinson Crusoe-Situation im Vordergrund, sahen sich die fünf Gestrandeten, ver-

›Mysterious Island‹ (Die geheimnisvolle Insel, England 1961)

stärkt durch zwei schiffbrüchige Damen, jetzt alsbald von Piraten, Drei-Meter-Krabben, faustgroßen Bienen und einem Riesenhühnchen bedrängt.
Um sie vor einem kurz bevorstehenden Vulkanausbruch zu warnen, gibt sich der Verantwortliche, Captain Nemo (Herbert Lom), schließlich zu erkennen. Mit den biochemisch vergrößerten Tieren wollte Nemo, dessen Nautilus nach einem Seebeben in einer Höhle eingeklemmt ist, das Nahrungsproblem der Menschheit in den Griff bekommen. Dank seiner Hilfe gelingt die Flucht im gehobenen Piratenschiff; Nemo selbst bleibt zurück und geht als echter Kapitän mit seiner Nautilus unter.
Munter, aber auch recht konventionell wurde in *Mysterious Island* diese Handlung heruntergespult. Harryhausens Effekte, perfekt wie immer, belebten den Film dabei enorm. Zum Klassiker jedoch fehlten ganz einfach die herausragenden Momente, auch wenn eine Szene in einer riesigen Honigwabe einiges an visuellem Reiz besaß. Im Vergleich zur bieder-langweiligen Neuauflage *L'Île Mystérieuse* (Herrscher einer versunkenen Welt, F/I/E 1972), die als verlängerter Sechsteiler auch im Fernsehen zu sehen war, stellte der Harryhausen-Film aber immer noch passable Unterhaltung dar.
Obwohl der nostalgische Trend danach noch eine Weile anhielt, hatten sich doch bereits wieder gesellschaftskritische Intentionen in die anfangs so unbeschwerte Science-Fantasy gemischt. Versunkene Welten wurden fortan von Rassen regiert, die traditionsgemäß auf Welteroberung aus waren. Behielten die Filme zunächst noch eine gewisse Fantasy-Attitüde bei, übernahm bald die Technik wieder das Zepter.
Atlantis – The Lost Continent (Atlantis, der verlorene Kontinent, USA 1961, Regie: George Pal) spielt einerseits zwar zu mythologischer Zeit und folgt noch dem »lost world«-Schema, enthält andrerseits aber auch klare SF-Motive und befleißigt sich sogar, in trivialer Manier natürlich, antitotalitärer Kommentare: Demetrios (Anthony Hall), ein griechi-

›Atlantis – The Lost Continent‹ (Atlantis – der verlorene Kontinent, USA 1961)

scher Fischer, wird, nachdem er die atlantische Prinzessin Antillia (Joyce Taylor) in ihre Heimat zurückgebracht hat, dort zur Sklavenarbeit verurteilt. In letzter Minute entrinnt er der Verwandlung in einen Tiermenschen im Haus der Pein – ein Motiv aus H. G. Wells »The Island of Dr. Moreau« – und erschleicht sich die Freundschaft General Zarens (John Dall), der mit einem Sonnenkristallprojektor die Welt unterjochen will. Ein Vulkanausbruch enthebt Demetrios jedoch etwaiger umstürzlerischer Tätigkeiten, Atlantis versinkt im Meer, Demetrios und seine Geliebte Antillia können dem Inferno im Schiff entkommen.

Aufgrund seiner überhasteten Produktion wies der Film in technischer und dramaturgischer Hinsicht erhebliche Schwächen auf: »Ich bedaure sehr, daß wir nicht noch einige Monate an der Story arbeiten konnten. Aber es war während des Drehbuchautorenstreiks, und MGM war ohne Material praktisch gelähmt. Also sagten sie uns: ›Das ist gut genug, fangt an!‹ Während den Dreharbeiten merkten sie dann, daß das Skript eben doch nicht gut genug war, und sie fingen an, daran herumzufeilen. Bei einer Produktion dieser Art geht das freilich nicht. Sie kamen da mit Vorschlägen an, die schlechter waren als das, was wir bereits hatten«. (George Pal)
Nach dieser serialbeeinflußten Kombination aus Mythos und Futuristischem war die »lost world«-Renaissance in der Science-Fantasy vorerst vorbei.

Die Exoten

So vielfältig die bisher erwähnten Filme auch gewesen waren, so hatten sie doch alle eines gemeinsam. Ihr »sense of wonder« war ein amerikanischer gewesen, das Märchenland, wie weit es der Realität auch entrückt schien, hatte im Grunde noch immer einen westlichen Beigeschmack.
Gänzlich andere Erfahrungen vermittelten da einige japanische Filme, die der Boom zu jener Zeit an unsere Gestade spülte. In diesen Produkten einer völlig fremden Mentalität offenbarte sich eine grundsätzlich verschiedene Annäherung an das Thema, sah das japanische Kino Historie und Mythos doch nicht als etwas der Gegenwart Entrücktes, sondern im Gegenteil als etwas in ihr noch überaus Lebendiges.
Der erste dieser Filme war *Nippon Tanjo* (1958), inszeniert von Hiroshi Inagaki, einem Spezialisten für großangelegte Epen. Basierend auf Chroniken der Kojiki und Nihon Shoki illustriert er die Entstehung Japans vom göttlichen Ursprung bis zum Beginn der Geschichtsschreibung. Im Zentrum des bestechend photographierten Dreistundenwerks stehen da-

bei die Heldentaten des legendären Prinzen Yamato (Toshiro Mifune), einer Verkörperung des Edlen und Gerechten. Eiji Tsuburaya *(Godzilla)* zeichnete für den achtköpfigen Drachen und andere Fabelwesen verantwortlich. Wie so viele japanische Filme stellt auch *Nippon Tanjo* die Form über den Inhalt. In seiner Bildsprache und der unendlichen Bedächtigkeit lief er westlichen Sehgewohnheiten völlig zuwider, was sich auch an der Kasse bemerkbar machte. Obwohl ihn die amerikanische Verleihfirma noch um eine gute Stunde kürzte, zeigte sich das Publikum dennoch gelangweilt.
Senkichi Taniguchis *Daitozoku* (Der Löwe des gelben Meeres, 1963) suchte das von vornherein zu vermeiden, indem er Westliches, Östliches und Orientalisches, Swashbuckler, Samurai- und Sindbad-Motive zu einem wenig geschlossenen Ganzen verschmolz. Erzählt wird die Geschichte eines unschuldig zum Tode verurteilten Samurai (Toshiro Mifune), der bei seiner Flucht übers Meer an einem unbekannten Land strandet. Dort bekämpft er einen intriganten Premierminister und den Schwarzen Piraten, der ihm einst eine Kiste voller Juwelen gestohlen hat. Darüber hinaus bezwingt er mit Hilfe eines vertrottelten Zauberers auch noch eine Hexe, deren Blick die Menschen zu Stein erstarren läßt, bevor er endlich die Prinzessin in die Arme schließen darf. Etwas kindisch gerieten dabei die ständigen Anzüglichkeiten, mit denen wohl das amerikanische Publikum angesprochen werden sollte: So verliert der Zauberer beispielsweise immer dann seine Kräfte, wenn er einen Busen erblickt.
Nachdem eine solche Verwestlichung ebenfalls nicht sonderlich gut angekommen war, besann sich *Kairyu Daikessen* (1966, Regie: Tetsuy Yamauchi) wieder auf die Tradition, den sorgfältigen Entwurf dekorativer, übernatürlicher Bilder. Im Kern des Films steht, wie so oft in der Fantasy, die Rache eines Jungen, Ikazuchimaru (Hiroki Matsukata), am Mörder seines Vaters. »Einen Grund mehr liefert die Tatsache, daß derselbe Mann auch Ikazuchimarus Mentor und Zauberlehrer umgebracht hat. In der väterlichen Burg fün-

dig geworden, fordert er seinen Feind zum Duell heraus. Beide verwandeln sich in riesige Monster, einen Drachen und einen Frosch, und zerstören bei ihrem Kampf das gesamte Schloß. Am Ende unterliegt der Drache und Ikazuchimaru kann mit seiner Geliebten auf einem Riesenadler davonfliegen.« (zit. nach »UniJapan Quarterly«)

Auf immerhin zwei Fortsetzungen noch im selben Jahr – *Daimajin Ikaru* und *Daimajin Gyakushu* – brachte es der steinerne Kriegsgott Majin aus Kimiyoshi Yasudas *Daimajin* (1966). Stets dann, wenn ein böser Tyrann mal wieder den rechtmäßigen Herrscher getötet hatte und das Bauernvolk zu unterdrücken begann, erhob sich die gigantische Statue aufs neue und vernichtete den Übeltäter. »Mit ihrer detailreichen Rekonstruktion dieses Zeitalters, den vorzüglichen Tricks und dem brillant gestalteten Majin-Kostüm sind diese Filme das schönste Beispiel für unverfälschte japanische Fantasy, eine wohlausgewogene Mischung aus Abenteuer, Religion und Bildern einer längst vergangenen Zeit.« (Jeff Rovin)

Heute sind all diese japanischen Filme leider größtenteils vergessen.

Ein anderer, nicht minder interessanter Fantasy-Exote erfreut sich dafür dank der Bemühungen emsiger Verleiher noch immer einer gewissen Popularität.

1956, noch unter dem Einfluß des Kalten Krieges, nahm sich der Regisseur Alexander Ptuschko der Heldenlieder seiner russischen Heimat an. Mit stark folkloristischem Einschlag und angemessenem Chauvinismus, den typischen Merkmalen sowjetischer Filme, entwarf *Ilja Muromez* (Ilja Muromez – der Kampf ums goldene Tor) das Bild eines – historisch freilich ganz und gar nicht verbürgten – Rußland des 11. Jahrhunderts; jener Zeit, von der die Bylinen erzählen: Plündernde Tugaren unter Führung ihres Herrschers Kalin (Schukur Burchanow) entführen bei einem ihrer Angriffe Wassilissa (Nelli Myschkowa), die Frau des gelähmten Bauern Ilja Muromez (Boris Andrejew), in die Sklaverei. Von

›Ilja Muromez‹ (Ilja Muromez – der Kampf ums goldene Tor, UdSSR 1956)

fahrenden Sängern durch ein Stehaufwasser geheilt und überdies mit einem unbesiegbaren Schwert ausgestattet, zieht Ilja nach Kiew, um Fürst Wladimir (Andrej Abrikossow) seine Dienste anzubieten. Auf dem Weg dorthin macht er den gefährlichen Windriesen unschädlich. Diese Tat und seine markigen Worte auf der Ratsversammlung beeindrukken den Fürsten, und Ilja, nun zum vollwertigen Recken ernannt, zieht in die Schlacht. Er befreit seine Frau und sendet sie mit einem Schiff nach Kiew. Der Transport wird jedoch überfallen, Wassilissa gerät erneut in Gefangenschaft. Ein Intrigant schwärzt daraufhin den Helden an, und Ilja landet im Kerker. Als die Tugaren vor Kiew stehen, sieht Wladimir notgedrungen sein Unrecht ein. Ilja kommt frei und tritt ge-

gen Kalins stärksten Kämpfer an, in dem der verdutzte Rekke den eigenen Sohn (Alexej Schworin) erkennen muß. Darüber aufgeklärt, wechselt dieser natürlich sofort die Lager, und nicht einmal der herbeizitierte Drache kann Kalins Truppen nun noch vor der Niederlage retten.
Seine imposanten Schlachtengemälde, die phantasievollen Kulissen und exquisiten Landschaftsaufnahmen machen *Ilja Muromez* zu einem visuellen Erlebnis hohen Ranges. Unterstützend kommt eine Tricktechnik hinzu, die gerade bei unaufdringlichen Effekten (wie der photographischen Statistenvervielfältigung in den großen Kampfszenen) besonders wirksam ist. Einzig der zwar agile, aber unüberzeugende Pappmaché-Drache, laut Werbung die größte jemals gebaute Attrappe, verrät heute das Alter des Films. Reizvoll ist ferner auch die derbe Bildsprache und insbesondere die eigentümliche, noch unvollkommene Liaison zwischen Märchen, Mythos und monumentaler Action. Neben den Schlachtengetümmeln taucht da etwa plötzlich eine Szene auf, die auch in *Bambi* nicht fehl am Platze wäre: Umgeben von zahlreichen Tieren breitet Wassilissa ein Tischleindeckdich vor Ilja aus, und zu frohem Gesang speisen und trinken beide.
Ptuschkos Heldenepos mit deutlichen Hollywood-Anklängen verlockt daneben zu Interpretationen. Ohne weiteres lassen sich in den mongolischen Aggressoren Bezüge zur sowjetischen Chinesenangst und der allgemeinen Invasionsneurose, ja sogar Parallelen zur amerikanischen Kommunistenfurcht der Kalten-Kriegs-Ära entdecken. Hans Günther Pflaum erkennt daneben einen Angriff auf Funktionärskreise und den Personenkult nach Stalins Tod, was die ablehnende Haltung der östlichen Kritik erklären könnte.
Nicht zuletzt wegen dieser Einwände blieb *Ilja Muromez* allerdings der einzige sowjetische Film seiner Art. Inhaltlich stand er aber bereits jener Serie sehr nahe, die das wohl berüchtigste Resultat des Fantasy-Booms darstellt. Ausgerechnet diese Serie indes bestand am längsten.

Herkules gegen den Rest der Welt

Mehr als zehn Jahre lang, von 1952 bis 1965, überfluteten die Cinecittà-Studios den Markt mit einem guten Hundert billig produzierter, meist unterbesetzter Antik-Filme. Die ersten davon, *Spartaco* (Spartakus, der Rebell von Rom, 1952) und *Teodora, Imperatrice di Bisanzio* (Theodora, Kaiserin von Byzanz, 1953), waren zunächst nichts weiter als eine Nachahmung der Taktiken Hollywoods in dessen Kampf gegen das Fernsehen gewesen. Immerhin hatte Italien ja, was »Schwert und Sandalen« anbetraf, eine ruhmreiche Tradition vorzuweisen. Nur zu schnell zeigte sich jedoch, daß man mit Cecil B. De Milles Ausstattungs- und Statistenorgien oder dem Cinemascope-Prunk eines *The Robe* (Das Gewand, USA 1953) nur bedingt konkurrieren konnte.
Ulisse (Die Fahrten des Odysseus, I 1954), eine der seltenen Produktionen mit starkem mythologischem Einschlag aus jener Zeit, verdeutlichte das ein weiteres Mal. Kirk Douglas kämpft zwar im Laufe seiner Odyssee gegen den Zyklopen (Umberto Silvestri), umsegelt die Insel der Sirenen und bezwingt die verführerische Zauberin Circe (Silvana Mangano). Das Spektakuläre und auch das Phantastische, das die Handlung versprach, vermochte der arg nüchtern inszenierte Film jedoch nicht abzuliefern.
Bald geriet die Budgetnot zur Tugend. Man entsann sich der zahlreichen Maciste-Filme, die seinerzeit Giovanni Pastrones *Cabiria* gefolgt waren, und entdeckte den antiken Muskelprotz aufs Neue.
Von ihren Märchenkollegen unterschieden sich die Helden der griechischen Sage wie Tag und Nacht. Letztendlich waren Sindbad und Co. trotz aller heroischen Taten doch noch Menschen gewesen, mit denen man sich identifizieren konnte. Herkules indes erhob bereits seine göttliche Abstammung zum unerreichbaren Musterexemplar, was der Körperbau des jeweiligen Hauptdarstellers natürlich widerzuspiegeln hatte.

Direkte Heldensagen-Abhandlungen nach Art der *Nibelungen* standen den »neomythologischen« Filmen allerdings fern. Eher schon waren sie Abenteuerfilme mit mythologischem Hintergrund, deren Reiz vornehmlich darin bestand, daß der Held seinen göttlichen Bizeps zur Rettung des Volkes (und zur Gaudi des Publikums) kräftig einsetzte: »Wie die Groschenromane besitzen auch diese Filme eine merkwürdige Anziehungskraft. Erzählerische Finessen, vielschichtige Charaktere, realistische Situationen, kluge Dialoge oder eine profunde Bedeutung haben sie nicht. Aber sie bieten farbenfrohe Kostüme, einfallsreiche Sets, verführerische Mätressen, robusten Humor, mediterrane Landschaften, bizarre Folterungen, 50-Zentimeter-Bizepse, wilde Schlachten, sympathische Helden und den Sieg des Guten über das Böse. Und dafür sind Filme da. Zuweilen.« (Jon Solomon)

Pietro Franciscis *Le Fatiche di Ercole* (Die unglaublichen Abenteuer des Herkules, I 1957) läutete die Serie ein. Die Hauptrolle spielte Steve Reeves, ehemaliger Mister Universum 1950.

Nachdem er das Leben von Jole (Sylva Koscina), der Tochter des Königs Pelias von Jolkos, gerettet hat, ernennt ihr Vater (Ivo Garroni) den Helden aus Dankbarkeit zum Ausbilder seines Sohnes Iphitos. Dabei kommt es jedoch zu einem Unglück: Während des Kampfes zwischen Herkules und dem Nemeischen Löwen wird Iphitos getötet. Aufgehetzt von seinem Minister Eurytos (Mimmo Palmara) befielt der König Herkules, den Kretischen Stier zu töten. Bei der Erledigung dieser Aufgabe stößt der Heros zufällig auf Jason (Fabrizio Mioni), des Königs Neffen und rechtmäßigen Erben auf den Thron. Pelias indes weigert sich, Jasons Anspruch anzuerkennen, bevor dieser nicht das einst geraubte Goldene Vlies vorweisen kann. Kurz entschlossen segelt Herkules mit den Argonauten los. Nach Begegnungen mit Amazonen und Affenmenschen endlich in Kolchis angekommen, vermag Jason dort den Drachen, der das Vlies be-

›Le Fatiche di Ercole‹ (Die unglaublichen Abenteuer des Herkules, Italien 1957) – Steve Reeves in typischer Pose

wacht, zu töten. Nach ihrer Rückkehr stiehlt jedoch Eurytos das Vlies und nimmt Herkules gefangen. Vor dem endgültigen Happy-End steht somit noch ein letzter Kraftakt: Herkules reißt seine Ketten aus der Wand und läßt – samson-

gleich – den Tempel über den Köpfen seiner Gegner zusammenstürzen. Neben solchen comicstripartigen Destruktionsakten, die in schöner Regelmäßigkeit die Filme abschlossen, finden sich in *Le Fatiche di Ercole* weitere, für die Serie typische Merkmale.
Die Produktionsbedingungen brachten den Zwang zu einer überaus ökonomischen Inszenierung mit sich. Freiraum für Spektakuläres oder teure Effekte ließ das begrenzte Budget in keinem Fall. Der Einfallsreichtum der Regisseure, die mit einem Minimum an Aufwand ein Maximum an Wirkung zu erzielen hatten, führte so mitunter zu reizvollen, in der Mehrzahl freilich eher komischen Kompromissen: Der Vlies-Drache beispielsweise brüllte mit Godzilla-Stimme, während Herkules in manchen Nahaufnahmen statt des gesamten Löwen nur ein Löwenfell zu traktieren hatte.
In der Regel wandten sich die Regisseure auf ihrer Suche nach Inspirationen auch anderen Genres zu. Der Einfluß diverser Tarzan- und Westernfilme auf Pietro Franciscis Film etwa ist unverkennbar.
Dennoch war *Le Fatiche die Ercole* noch mit einer gewissen Sorgfalt inszeniert worden. So verlieh das farbgestalterische Gespür des Kameramanns Mario Bava dem Geschehen eine mythische Atmosphäre, die recht viele Nachfolger missen ließen. Auch respektierten die Autoren die Vorlage noch insofern, als sie die wilde Sagenverschmelzung und -verunstaltung späterer Filme recht maßvoll praktizierten: Ausgebaut wurde etwa die Rolle Herkules' in der Argonautenmär, und die Geschichte erhielt auch ein glücklicheres Ende. In der Sage endet Jason ja bekanntlich mit Selbstmord, und Herkules' Beziehung zu Jole ist ein glatter Ehebruch.
Die wiederum von Pietro Francisci inszenierte Fortsetzung ging da schon hemmungsloser vor. Mit dem Blick auf die Publikumswirksamkeit reihte *Ercole e la regina di Lidia* (Herkules und die Königin der Amazonen, I 1959) drei, für wesentlich erachtete Bestandteile, aneinander, ohne sich groß um die mythischen Vorlagen zu kümmern.

Zu Beginn stand das Phantastische: In einem lustlos heruntergedrehten Kampf auf der Spitze eines Berges bezwingt Herkules (Steve Reeves) den Riesen Antäus. Dem folgte eine erotische Attacke auf die Integrität des Helden. Auf dem Weg, den Bruderzwist der Ödipus-Söhne Eteokles und Polynikes zu schlichten, trinkt Herkules von den Wassern des Vergessens und verfällt der Amazonenkönigin Omphale (Sylvia Lopez). Gerade noch rechtzeitig rettet Laertes, der Vater seines neuen Schülers Odysseus (!), den Helden aus den Fängen der lasziven Schönheit, die ihre Liebhaber nach dem Akt stets einbalsamieren läßt. Herkules' Friedensmission ist in der Zwischenzeit kläglich gescheitert, Eteokles benützt Jole (Sylva Koscina) als Faustpfand gegen den anrückenden Polynikes. Und so spielen zum Abschluß wieder die mächtigen Muskeln, als Herkules seine Geliebte vor den wilden Tigern rettet und eine wilde Schlacht um Theben entbrennt.
Nach *Ercole e la regina di Lidia* verließen Regisseur und Hauptdarsteller die Serie. Steve Reeves setzte seinen Körperbau in *Il ladro di Bagdad* und einigen historischen Epen ein, während sich Pietro Francisci in seinem nächsten Film *Saffo, venere di Lesbo* (Sappho, Venus von Lesbos, I 1960) auf eine antike Dreiecksgeschichte beschränkte.
Bedingt durch ihren Weggang sackte der dritte Herkules-Film denn auch deutlich ab.
Schon sein Titel *Gli Amori di Ercole* (Die Liebesnächte des Herkules, I 1960) war programmatisch. Carlo Ludovico Bragaglia reduzierte Franciscis locker-romantische Mischung aus Abenteuer, Humor und Mythologie auf eine erotisch gewürzte Bizepsübung: Mickey Hargitay bekam es darin mit Hippolytes' Amazonen zu tun, bevor er am Busen Jayne Mansfields, die die Deianira verkörperte, seine gerechte Belohnung empfangen konnte.
Vor seinem endgültigen Niedergang sollte das Genre dank Vittorio Cottafavi allerdings noch einen ungeahnten Höhepunkt erleben.

La Vendetta di Ercole (Die Rache des Herkules, I/F 1960) und *Ercole alla conquista di Atlantide* (Herkules erobert Atlantis, I/F 1961) ernteten selbst in elitären Kritikerzirkeln enorme Anerkennung. »Présence du Cinéma« rechnete Cottafavi unter die Autorenfilmer und entschlüsselte Todesmystik als das zentrale Motiv seiner Filme. Der Rezensent der »Filmkritik« zog positive Vergleiche zwischen Cottafavi, seinem Kameramann Carlo Carlini und Sergej Eisenstein. »Monthly Film Bulletin« wiederum pries den flamboyanten Schnitt, die Landschaftskompositionen sowie die statischen oder mobilen Personenarrangements.
Nichtsdestotrotz kränkelt *La Vendetta die Ercole* ein wenig an seiner konfusen Handlung. Obwohl herkulisch proportioniert, heißt der Held des Films in der Originalfassung eigentlich Emilius (Mark Forrest). Zehn Jahre nach seinem Triumph über den Höllenhund Zerberus bahnt sich eine Affäre zwischen seinem Sohn Illo (Sandro Maretti) und Thea (Fedrica Ranchi), der Tochter des feindnachbarschaftlichen Königs Eurythos (Broderick Crawford), an. Als verliebte Magierinnen und einige Mordversuche per Zaubertrank die Situation immer weiter zuspitzen und Eurythos überdies Emilius' Frau Deianira entführen läßt, spricht der Bizeps. Emilius erschlägt Eurythos' – aus der deutschen Fassung gekürzten – Drachen, rettet Deianira vor der Schlangengrube und zertrümmert zum Abschluß (wie so oft) den Tempel des Bösewichts. Für die eingestreuten Stop-Motion-Aufnahmen des gesamten Drachens zeichneten übrigens Jim Danforth und Marcel Delgado verantwortlich.
Per Farbfilter angedeuteter Blutregen und andere klimatische Veränderungen sandten dann im Folgefilm den echten Herkules (Reg Park) nach Atlantis. Dort besiegt er Proteus, den vielgestaltigen Schutzgott der Insel, und rettet zugleich die Tochter Königin Antineas. Über Proteus' Dahinscheiden ist diese jedoch nicht sonderlich erfreut. Es kommt zum Kampf, und Herkules mobilisiert die Sklaven. Schließlich nimmt er es noch mit Antineas Armee arischer Supermän-

ner auf, bevor er ihre lichtempfindliche Machtquelle, einen versteinerten Tropfen Götterblut, vernichtet – natürlich dadurch, daß er in die Höhlendecke ein Loch schlägt.
Sicherlich war der Enthusiasmus, der beiden Filmen entgegenschlug, etwas überzogen. Trotz allem blieben die Schauspieler noch immer Stümper und die Ausstattung nur zu offensichtlich aus Pappmaché. Im Gegensatz zu seinen klamaukfreudigen Kollegen brachte Cottafavi jedoch einen geradezu differenzierten Witz in die absonderlichen Geschehnisse ein, der dennoch nie in regelrechte Parodie ausartete. Angenehm überraschten so z. B. die Fähigkeiten des ansonsten so pathetischen Helden zur Selbstironie. Zieht man die Produktionsbedingungen in Betracht, unter denen die Filme

›Ercole alla conquista di Atlantide‹ (Herkules erobert Atlantis, Italien/ Frankreich 1961) – Reg Park gegen Proteus

›Perseo l'invincibile‹ (Perseus, der Unbesiegbare, Italien/Spanien 1962) – Richard Harrison gegen den Drachen

entstanden, hatte Cottafavi tatsächlich das Beste herausgeholt. Leider blieb er die Ausnahme.

Nach fünf Herkules-Filmen begann sich das Mythenkontingent langsam zu erschöpfen. Erschwerend kam hinzu, daß der Versuch, zwei andere Sagengestalten für die Leinwand aufzuarbeiten, an der Kasse kläglich scheiterte.

In *Teseo contro il minotauro* (Theseus, Held von Hellas, I 1960, Regie: Silvio Amadio) hatte der Held das Labyrinth des Königs Minos und den darin lebenden Minotaurus zu bezwingen, in *Perseo l'invincibile* (Perseus – der Unbesiegbare, I/E 1962, Regie: Alberto de Martino) einen Drachen

›Ulisse contro Ercole‹ (Herkules der Sohn der Götter, Italien/Frankreich 1961)

und die Medusa. Technisch keinesfalls schlechter als das Gros, fehlte beiden Filmen jedoch das beliebte Muskelspiel. Der schnell ersonnene Ausweg aus dieser Misere öffnete den Autoren beinahe unerschöpfliche Möglichkeiten. Nachdem das Publikum in punkto Vorlagentreue inzwischen schon so weit abgehärtet war, daß man ihm ohne Bedenken einen Film wie *Ulisse contro Ercole* (Herkules, der Sohn der Götter, I/F 1961, Regie: Mario Caiano) vorsetzen konnte, führte der nächste Schritt über das beschränkte Gebiet der Sage hinaus zu wilden Genrevermengungen.
Mario Bava erzielte mit dieser Taktik noch das beste Ergeb-

nis. Sein *Ercole al centro della terra* (Vampire gegen Herakles, I 1961) kombinierte Christopher Lee mit Reg Park zu einem neomythologischen Horrorfilm. Gleich in den ersten Minuten findet sich das Zitat aus *Nosferatu:* Auf Befehl des vampirischen Usurpators Licha (Lee) richtet sich die verhexte Deianira (Leonora Ruffo) klappmesserartig aus ihrem Sarg auf. Um seine Geliebte aus dem Bann zu befreien, bricht Herkules (Park) zusammen mit seinem Freund Theseus (Giorgio Ardison) in den Hades auf, eine heilende Zauberblume zu beschaffen.
Ihre phantastische Reise schildert Bava überaus dicht in überhöhten Farben, die oft genug an Cormans expressionistisch beeinflußten Poe-Zyklus erinnern: Herkules pflückt den Apfel aus dem Garten der Hesperiden, überwindet einen steinernen Wächter und findet so den Einstieg zur Unterwelt. Gemeinsam durchquert das Heldenduo den Wald der lebenden Bäume und seilt sich über einen Lavasumpf hin zur Blume. Dank der Hilfe Persephones gelingt ihnen auch die Rückkehr.
Es kommt zu einem typischen Horrorfilm-Finale. Licha entführt die kurierte Deianira und will gerade auf einem stonehenge-ähnlichen Opferaltar ihr Blut trinken, als Herkules eintrifft. Ein Fingerzeig Lichas, und auf dem dunklen Friedhof brechen mumifizierte Vampire aus der Erde. Herkules, mit den klassischen Methoden der Blutsaugervernichtung offensichtlich nicht vertraut, versucht ergebnislos, die Dämonenhorden unter riesigen Steinen zu zerquetschen. In letzter Minute geht die Sonne auf. Die Vampire zerfallen, Deianira ist gerettet.
Nun war Mario Bavas Film zwar der beste aller Genre-Mixturen, der erste war er aber keineswegs. In einem späten Akt der Reue hatten sich die Autoren bereits ein Jahr zuvor entschieden, statt des mythologisch zu eingeengten Herkules doch lieber die völlig frei erfundene Gestalt des Muskelmanns Maciste auf allerlei Abenteuer zu schicken. Nach den eher harmlosen Einleitungsfilmen *Maciste all' inferno* (Ma-

ciste, der Rächer der Verdammten, I 1960, Regie: Riccardo Freda) und *Macista nella valle dei re* (Maciste, der Rächer der Pharaonen, I 1960, Regie: Carlo Campogalliani) sprengte die Serie bald sämtliche Genregrenzen.
Auch Maciste wurde zunächst mit den Gestalten des Horrorfilms konfrontiert. Dem noch recht ordentlich und einfallsreich inszenierten *Maciste contro il vampiro* (Macistes größtes Abenteuer, I 1961, Regie: Giacomo Gentilomo und Sergio Corbucci) folgten aber rasch schwächere Produkte wie *Maciste, l'uomo piu forte del mondo* (Maciste und die Königin der Nacht, I 1961, Regie: Antonio Leonviola), *Maciste contro i mostri* (Germanicus in der Unterwelt, I 1962, Regie: Guido Mala) und *Maciste contro gli uomini della luna* (I/F 1964, Regie: Giacomo Gentilomo).

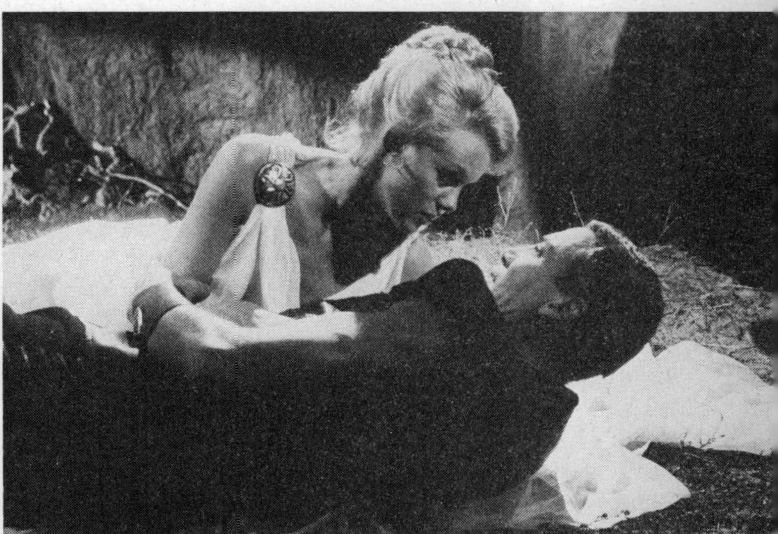

›Ercole al centro della terra‹ (Vampire gegen Herakles, Italien 1961) – Hammers Chefvampir in ungewohnter Umgebung

Folgende Doppelseite: Plakat zu ›Maciste contro il vampiro‹ (Macistes größtes Abenteuer, Italien 1961)

SEE THE REVOLT OF THE FACELESS HUMANOIDS!
SEE THE TORTURE CHAMBER OF THE BLUE MEN!
SEE THE VIRGIN-HAREM OF THE VAMPIRE GOD!
GALA
PRESENTS
GOLIATH
STARRING
GORDON SCOTT

TOTALSCOPE
TECHNICOLOR
VAMPIRES
(X ADULTS ONLY)
MIRACLE RELEASE

›Maciste, l'uomo piu forte del mondo‹ (Maciste und die Königin der Nacht, Italien 1961)

Der Handlungsverlauf variierte dabei kaum, typisch ist etwa der Plot und die Personenkonfiguration von *Maciste contro il vampiro:* Hier bewahrt Maciste (Gordon Scott) seine

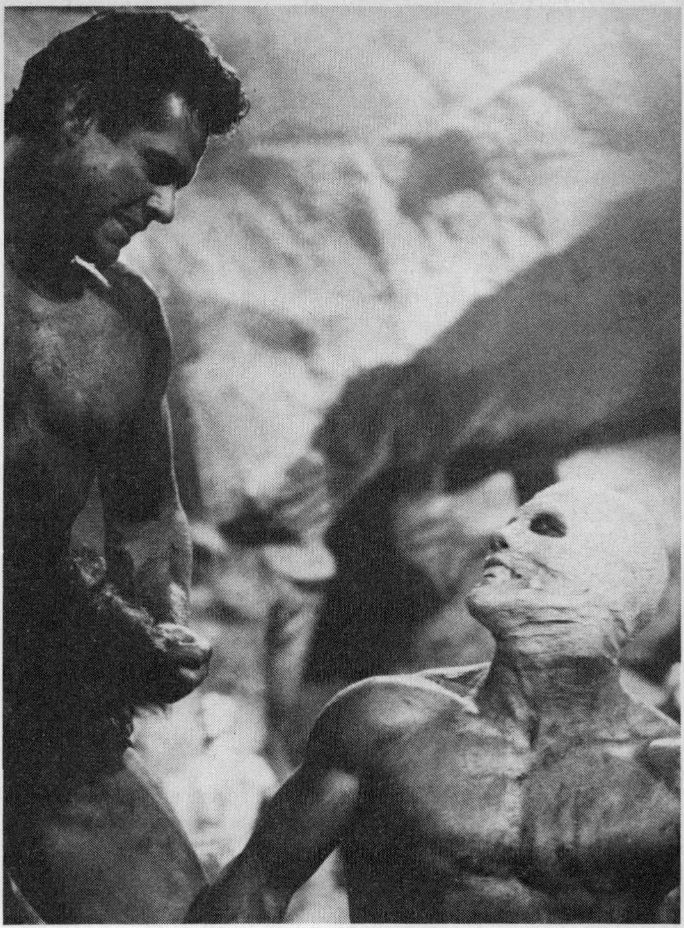

›Maciste contro il vampiro‹

hausmütterliche Freundin Giulia (Leonora Ruffo) vor der gesichtslosen Roboterarmee des Vampirs Kobrak (Guido Celano), der ihr das Blut aussaugen will. Zwar droht der

Held zunächst an den Zauberkräften seines Gegners zu scheitern und wird sogar gefangengenommen. Gerade noch rechtzeitig verliebt sich jedoch die laszive Favoritin des Vampirs in Maciste und verhilft ihm unter Einsatz des eigenen Lebens zum Sieg.
Der übernatürlichen Elemente beraubt, findet sich dieses Schema auch in den zahllosen anderen Filmen der Serie, die den Helden mal nach China *(Maciste alla corte del Gran Khan,* Maciste in der Gewalt des Tyrannen, I/F 1961, Regie: Riccardo Freda), mal nach Rußland *(Maciste alla corte dello zar,* Marco, der Unbezwingbare, I 1963, Regie: Tanio Boccia), nach Amerika *(Zorro contro Maciste,* Zorro gegen Maciste – Kampf der Unbesiegbaren, I 1963, Regie: Umberto Lenzi) oder H. Rider Haggards Afrika *(Maciste nelle miniere de re Salomone,* I 1964, Regie: Piero Regnoli) sandten. Immer weiter beraubte sich der neomythologische Film damit seiner Grundlagen.
Das Publikum hatte nichts dagegen einzuwenden. Die gänzlich auf Muskeln abgestimmte Serie um das Bizepswunder Ursus etwa war bei weitem erfolgreicher als die noch marginal phantastische Maciste-Serie.
Da das Genre so schon beinahe zu seiner eigenen Parodie geworden war, ist es vielleicht verständlich, daß es nur einige direkte Parodien hervorbrachte. Eine davon war *Arrivano i titani* (Kadmos, Tyrann von Theben, I/F 1962, Regie: Duccio Tessari), in dem Krios (Giuliano Gemma), der jüngste der Titanen, gegen die Medusa und den per Drachenblut unverwundbar gewordenen Kadmos anzutreten hat. Weshalb er sich ein paar Blitze beim Zyklopen an der Ecke kauft (»Funktionieren diese Dinger auch?«) und dem Tyrannen schließlich den Schock seines Lebens versetzt.
Es war Ray Harryhausens Pech, just zu jener Zeit einen aufwendigen Film nach Motiven der griechischen Mythologie ins Kino zu bringen. *Jason and the Argonauts* (Jason und die Argonauten, GB 1963, Regie: Don Chaffey) visualisierte den phantastischen Gehalt der Sagen wie kein zweiter und

bleibt bis heute der definitive Film zu diesem Thema. Dennoch floppte er bei seiner Premiere – mit Ausnahme von England – auf der ganzen Welt. Nach sechs Jahren italienischer Muskelspektakel hatte das Publikum ganz einfach genug von den Griechen, zumal sich bereits der weitaus schwä-

›Jason and the Argonauts‹ (Jason und die Argonauten, England 1963) – die Argo auf dem Weg zur Bronzeinsel

chere *I Giganti della Tassaglia* (Das Schwert des roten Giganten, I/F 1960, Regie: Riccardo Freda) der Argonautensage angenommen hatte.
Wie soviele Harryhausen-Filme leidet auch *Jason and the Argonauts* an einer faden Regie, schwachen Natriumlicht-Mattes und blassen Schauspielern: »Todd Armstrong als Jason begeistert nicht gerade, das Vlies sieht aus wie ein glitzernder Kaminvorleger und der Olymp wie ein Flughafengebäude komplett mit Wasserfernseher und gelangweiltem und zänkischem Personal. Trotz allem erhöhen solche Mängel aber eher noch den Spaß an einem Film, der eher in der Tradition von Méliès und Flash Gordon denn der von Langs *Die Nibelungen* steht.« (»Monthly Film Bulletin«)
Das größte Plus freilich waren die Animationseffekte. *Jason and the Argonauts* besticht vor allem durch Harryhausens Stop-Motion-Arbeit, die beste seiner gesamten Karriere; wie Disney sollte er nach diesem Meisterstück in formelhaften Selbstzitaten versinken.
Daß der Stoff der Sage mit Monstern angereichert wurde, konnte gar nicht ausbleiben. Das erste davon begegnet der Argo-Crew auf der Bronzeinsel. Als zwei der Argonauten dort einer Ziegenherde nachjagen, stoßen sie zufällig auf die Schatzkammer der Götter. Jasons eindringliche Mahnungen ignorierend, lassen sie eine überdimensionale Anstecknadel mitgehen, worauf Talos, der metallene Hüter des Schatzes, zum Leben erwacht. Wie der Koloß von Rhodos blockiert er die Hafenausfahrt und zertrümmert die Argo. Jason bittet die Göttin Hera um Hilfe, die ihm verrät, daß Talos eine Achillesferse besitzt – im wörtlichen Sinn. Jason entdeckt eine dort angebrachte Platte und schraubt sie heraus. Die Lebensessenz des Bronzemanns fließt auf den Strand, Talos zerfällt in seine Einzelteile.
Die nächsten Monster: Jason und seine Männer befreien den blinden Propheten Phineus (Patrick Troughton) von zwei Harpyien und erhalten zum Dank ein Amulett, das sie sicher durch die schlagenden Felsen bringen soll.

›Jason and the Argonauts‹ – Harryhausens tricktechnisches Paradestück

Dort angekommen, müssen sie erleben, wie die Symplegaden ein Schiff aus Kolchis, ihrem Reiseziel, zerquetschen. Jason wirft das Amulett ins Wasser. Der Gott des Meeres taucht auf, stemmt sich zwischen die Felsen (die einzig mißratene Tricksequenz des ganzen Films) und gewährt den Argonauten sichere Durchfahrt. In den Wrackteilen des Kolchis-Schiffes finden sie eine Überlebende, Medea (Nancy Kovack). Sie ist es auch, die die Argonauten aus dem Gefängnis befreit, in das sie der über ihre Absichten aufgeklärte König Aietes (Jack Gwillim) geworfen hat. Jason erschlägt die siebenköpfige Hydra, die das Vlies bewacht, und lenkt mit zwei anderen Argonauten die Verfolger auf sich. Auf einer Bergspitze kommt es zu einer meisterlich animierten, wenn auch von der Idee her nicht allzu originellen

Schlußsequenz, die vor allem den Ruf des Films als Klassiker begründet hat. Aus den sieben Zähnen der Hydra beschwört Aietes sieben Skelette herauf, die sich zu Bernard Herrmanns erstklassiger Musik auf die drei Argonauten stürzen. Nur Jason überlebt den Fechtkampf und kann am Ende mit Medea in den Sonnenuntergang segeln.
Ursprünglich plante Harryhausen, sich enger an die Sage zu halten, wonach die gesäten Zähne die Leiber toter Krieger aus der Erde auftauchen ließen. Die Vorstellung, verweste Leichen zu animieren, behagte Harryhausen allerdings nicht besonders, und so entschied er sich für die »saubereren« Skelette. Eines der Modelle stammte sogar noch aus der Sindbad-Produktion.
Wie damals wurden zunächst die Live-Teile gedreht. Später wurden dann die Miniaturskelette einkopiert – eine ungeheuer komplizierte Aufgabe, mußten doch sieben Modelle Bild für Bild auf die Bewegungen im rückprojizierten Live-Teil abgestimmt werden. Obwohl die gesamte Szene weniger als fünf Minuten dauerte, brauchte man dennoch ganze 4 1/2 Monate zur Fertigstellung. Harryhausen selbst beschrieb diese Sequenz als die komplizierteste, im Ergebnis aber auch befriedigendste Animationssequenz seiner gesamten Laufbahn.
Nachdem der Mißerfolg von *Jason and the Argonauts* weiteren möglicherweise themenbelebenden A-Filmen den Weg verbaut hatte, entschlummerte auch die Herkules-Serie nach und nach. Ein letztes Mal versuchten die Autoren, das Interesse neu zu entfachen: *Ercole l'invincibile* (Der größte Sieg des Herkules, I 1963, Regie: Al World) und *Il trionfo di Ercole* (Der stärkste Mann der Welt, I/F 1964, Regie: Alberto de Martino) kehrten zu den Anfängen der Serie zurück, blieben aber nur blasse Kopien eines Cottafavi oder Francisci. Andere Regisseure, darunter Pietro Francisci mit *Ercole sfida Sansone* (Herkules, Samson und Odysseus, I 1963) boten gleich ein ganzes Paket an Helden zum Preis von einem. Sie alle ließen aber auch keinen Zweifel mehr daran, daß

sich der neomythologische Film selbst ausgelaugt hatte. Der Held hatte abgedankt, der Antiheld übernahm in den Spaghetti-Western seine Nachfolge. Lediglich aus Deutschland kam als später Nachzügler 1966 noch Harald Reinls Remake *Die Nibelungen,* das durch das Aussparen des Stoffkerns zu wenig mehr als einem beinahe schon parodistischen Monumentalschinken im Pop-Art-Stil geriet.
Der Fantasy-Boom war schon einige Jahre zuvor an sein Ende gelangt.

›Die Nibelungen‹ (BRD 1966) – Hammerwerfer Uwe Beyer als Siegfried

Abgenützte Bilder

Ende der Sechziger stand der Hippiekult in voller Blüte. »All you need is love« und Flower-Power hießen die Schlagworte des Augenblicks. In jener psychedelischen Ära erlebte auch die Fantasy-Literatur ihre erste Blütezeit. Neue Autoren tauchten auf der Szene auf, J. R. R. Tolkiens »The Lord of the Rings« (1954/55) erreichte eine ungeahnte Popularität: Nicht nur in Heigth-Ashbury kursierten massiv die Buttons mit der Aufschrift »Gandalf for President«.

Mit gebührender Verspätung schwappte die Begeisterung schließlich auch in den phantastischen Film hinein. Dort herrschte inzwischen eine ähnlich bedrückte Stimmung wie einst in den Fünfzigern: *Planet of the Apes* (Planet der Affen, USA 1968) oder *The Omega Man* (Der Omega-Mann, USA 1971) zeichneten düstere Visionen einer Erde nach dem Einsatz von A- und B-Waffen; die Zukunft, wenn es sie überhaupt noch gab, sah bestenfalls so aus wie in *Soylent Green* (... Jahr 2022 ... die überleben wollen, USA 1973). Wieder endete das Streben nach dem Positiven in der Phantasie.

Nur zu schnell zeigte sich jedoch eines: Die alten Phantasien waren zu unzeitgemäß, die alten Bilder abgenutzt und nicht zuletzt dank Kubricks *2001 – A Space Odyssey* (2001 – Odyssee im Weltraum, GB 1968) auch zu gewöhnlich, um noch einen »sense of wonder« erzeugen zu können.

Es dauerte dennoch eine ganze Weile, bis die Branche das realisiert hatte. Im Film begnügten sich die Fantasy und ihr kleiner Bruder, die Science-Fantasy, vorerst noch mit dem Aufwärmen alter Rezepte. Es spricht für die Gier des Publikums nach kleinen Fluchten, daß einige dieser Filme trotzdem zu Kassenerfolgen wurden, obwohl sie weder qualitativ sonderlich interessant noch in irgendeiner Weise innovativ waren.

1001 Nacht – Zum Letzten

1973 belebte Ray Harryhausen das Genre ein zweites Mal. Nach der Pleite seines hausbackenen Monsterfilms *The Valley of Gwangi* (Gwangis Rache, USA 1968) hatte sich der Trickkünstler entschieden, an den Erfolg seines ersten Sindbad-Films anzuschließen. Seine Rechnung ging auf. *The Golden Voyage of Sinbad* (Sindbads gefährliche Abenteuer, Regie: Gordon Hessler) ließ die Kassen wieder klingeln. Viel mehr als eine matte Reprise jedoch war Harryhausen nicht gelungen.

Dieses Mal segelt Sindbad (John Philip Law) auf Bitte des Großwesirs von Marabia (Douglas Wilmer) los, das fehlende Stück eines dreiteiligen Amuletts zu finden. Ein Zauberbrunnen am Ende der Welt, so geht die Sage, wird demjenigen, der es hineinwirft, Jugend, Unsichtbarkeit und eine wertvolle Krone gewähren. Aber auch der böse Magier Koura (Tom Baker), den jeder neue Zauberspruch um Jahre altern läßt, interessiert sich für das Amulett und verfolgt das Schiff. Vom unterirdischen Orakel auf Lemuria erfahren Sindbad und der Großwesir den Standort des dritten Teils, doch Koura zaubert einen Höhleneinbruch herbei und geht als erster durchs Ziel. Nicht gleich fündig werdend, erweckt er die Statue der sechsarmigen Göttin Kali zum Leben, um den unmittelbar nach ihm eintreffenden Sindbad aufzuhalten. Im Kampf stürzt die Statue und zerbricht, in den Trümmern liegt das fehlende Amulettstück. Koura wiegelt die Götzendiener Kalis gegen Sindbad auf und eilt zum Zauberbrunnen. Nach kurzer Zeit trifft auch der durch einen Höhlengang entwischte Sindbad ein. Koura, nun wieder jung und langsam unsichtbar werdend, kämpft und unterliegt schließlich. Der Großwesir kann die wertvolle Krone für sich reklamieren.

Leider ohne jedwede Steigerung des Effekts reiht der Film seine Dynamation-Höhepunkte aneinander. Nach dem fliegenden Homunkulus, der Gallionsfigur und der Kali-Statue,

›The Golden Voyage of Sinbad‹ (Sindbads gefährliche Abenteuer, USA 1973)

mit denen Harryhausen in den ersten beiden Dritteln aufwartete, fiel das unnötig lang hinausgezögerte Finale, ein Kampf zwischen Zentaur und Greif, doch erheblich ab. Im Vergleich zur Grazie der fechtenden Kali wirkten die unbeholfenen, hölzernen Bewegungen der beiden Fabelwesen ausgesprochen enttäuschend.

Das erneut diverse Mythologien zusammenmischende Drehbuch befaßte sich zu wenig mit Motivation und Charakterisierung und zu sehr mit der Konstruktion aktueller Bezüge; sein Hauptaugenmerk galt weniger dem lustlos aufgesetzten »love interest« zwischen Sindbad und einer befreiten

›The Golden Voyage of Sinbad‹ – Caroline Munro

Sklavin (Caroline Munro) als der Mannwerdung des orientalischen Dropouts Harun (Kurt Christian), der sich seine Zeit lieber mit Wein, Weib und Marihuana vertrieb. Vermutlich wollte Harryhausen, dessen Heldenverständnis recht konservativ geprägt ist, damit einen Gegenpol zu den *Easy Rider*-Filmen schaffen. Für solche Intentionen war ein Fantasy-Film ungeeignet, da derart offensichtlich servierte Gegenwartsbezüge wie diese den Zuschauer beständig aus dem mythologischen Rahmen herausreißen. Weitere Schwachpunkte von *The Golden Voyage of Sinbad* lagen in der Matte-Arbeit und einer zu grellen Farbfotografie.

Der vom kommerziellen Erfolg diktierte Nachfolger *Sinbad and the Eye of the Tiger* (Sindbad und das Auge des Tigers, USA 1977, Regie: Sam Wanamaker) bügelte zwar einige dieser Schwächen wieder aus, litt seinerseits allerdings an den Abnützungserscheinungen, die die Formel inzwischen zeigte. Betulich und restlos vorhersehbar schleppte sich die Geschichte vom verzauberten Prinzen Kassim dahin, sehenswert waren höchstens Harryhausens Monster: Der Pavian, in den die Zauberin Zenobia (Margaret Whiting) besagten Prinzen verwandelt hatte, zählt zweifellos zu seinen gelungensten Kreationen. »Warten auf Dynarama« könnte denn auch als Motto über dem Film stehen.
Kleinen Selbstzitaten war Harryhausen dabei durchaus nicht abgeneigt. Sindbads Kampf gegen drei Höllendämonen erinnerte an *Jason and the Argonauts,* ein Troglodyt an den gehörnten Zyklopen aus *The 7th Voyage of Sinbad.* Ferner belebten eine Riesenbiene, Zenobias goldener Stiermensch Minaton und ein Stop-Motion-Walroß die Reise Sindbads zum heilenden Schrein der Arimaspi im eisigen Nordland Hyperborea. Der reichlich bedeutungslose Titel des Films rührte übrigens daher, daß sich Zenobia als letztes Mittel in den Hüter des Schreins, einen Säbelzahntiger, verwandelt. Patrick Wayne und Taryn Power, beides Kinder berühmter Eltern, verkörperten die Hauptrollen.
Weniger auf Spezialeffekte denn auf Stars setzte Clive Donners *The Thief of Baghdad* (Der Dieb von Bagdad, GB/F 1978), vom Inhalt her eine nur unwesentlich modifizierte Fassung der Korda-Version mit Anklängen – das Herz des Tyrannen ruht in einem schwarzen Vogelei – an Byron Haskins *Captain Sindbad.* Der indische Schauspieler Kabir »Sandokan« Bedi, der ein Jahr zuvor in einer Hindi-Fassung des Themas aufgetreten war, übernahm die Rolle des vertriebenen Prinzen, Roddy McDowall spielte den Dieb, und Terence Stamp bemühte sich nach Kräften, gegen den Schatten Conrad Veidts anzuspielen.
Nach eigenem Bekunden wollte Donner weder die Ausstat-

tung noch die Tricktechnik der gerade populär gewordenen SF-Epen in den Orient übertragen. Konsequenterweise leidet seine vierte und bislang letzte westliche Verfilmung des Stoffs vor allem an ihrem biederen, wenig märchenhaften Inszenierungsstil. Gelegentliche Kabinettstückchen des

›Sinbad and the Eye of the Tiger‹ (Sindbad und das Auge des Tigers, USA 1977)

›The Thief of Baghdad‹ (Der Dieb von Bagdad, England/Frankreich 1978) – Peter und Pavla Ustinov

Multitalents Peter Ustinov, der als nicht gerade entschlußfreudiger Kalif als einziger etwas ironische Distanz in den kühl-konventionellen Film einbrachte, ließen Mängel wie die jämmerlichen Spezialeffekte nur noch deutlicher zum Vorschein kommen.
Die vorläufig letzte Reise in Scheherazades Universum trat Kevin Connor mit seinem *Arabian Adventure* (Im Banne des Kalifen, GB 1979) an. Mit Hilfe des kleinen Majeed (Puneet Sira) und dessen Zaubersaphir überwindet Prinz Hassan (Oliver Tobias) mechanische Dampfdrachen, böse Flaschengeister, Dornensümpfe und einen verzauberten Wald, um die Zauberrose von Elil zu erlangen. Dank ihrer Hilfe bezwingt er im Luftkampf auf fliegenden Teppichen schließ-

›Arabian Adventure‹ (Im Banne des Kalifen, England 1979)

lich den bösen Alcazar (Christopher Lee) und darf am Ende dessen Stieftochter Zuleira (Emma Samms) heiraten.
Abseits der guten Besetzung, des flotten Tempos und seiner überzeugenden Spezialeffekte bot der Film auch einen interessanten Ansatz: Alcazar war von Grund auf böse, nicht weil die Schwarzweißmalerei des Märchens es so fordert, sondern weil er zur Vermeidung innerer Konflikte sein gutes Ich in einen Zauberspiegel verbannt hat.
Schon mit deutlich modernisierten Bildern – »Variety« titulierte den Film als *Star Wars* auf fliegenden Teppichen – zitiert *Arabian Adventure* noch einmal all die beliebten Motive: »Keine der Chiffren des orientalischen Märchenerzählens vom Zauberer bis zum Dschinn, von magischen Gegen-

ständen bis zum Sieg des Guten ist in dieser aufwendigen Trickproduktion vergessen worden. Die Zwischencharaktere und die Bösen sind nicht ohne Ironie gezeichnet. Auch die Spannungskurve gelingt den Filmemachern. So kommt über weite Strecken die Stimmung von 1001 Nacht auf. Wie in allen Märchen werden Gut und Böse in bestimmten exponierten Personen zugespitzt und am Ende kann nur das Gute, Helle und Reine sich durchsetzen.« (Josef Schnelle)

Lost Worlds – Amicus Style

Mitte der Siebziger hatte auch der SF-Film in einigen B-Produktionen zur nostalgischen Fabulierfreude, den versunkenen Welten eines Edgar Rice Burroughs oder eines Ian Cameron zurückgefunden. Nur zu offensichtlich litt aber auch die Science-Fantasy inzwischen an Abnützungserscheinungen; ein Manko, das geringe Budgets, mangelnde Sorgfalt und lieblose Inszenierungen nur noch krasser hervortreten ließen.
Der erste Film der kurzen Welle war noch der beste. Wohl stört auch an *The Island at the Top of the World* (Die Insel am Ende der Welt, USA 1974) die für das Studio typisch gewordene Rezeptkocherei und die tricktechnische Schlampigkeit der Post-Disney-Ära, zumindest aber spiegelt sich in Ausstattung und den Miniatureffekten noch ein gewisser Rest von Peter Ellenshaws früherer Größe.
Wie sein Vorbild *In Search of the Castaways* (GB 1961) orientierte sich Robert Stevensons Abenteuer um die Suche eines reichen Engländers (David Hartman) nach seinem verschollenen Sohn und die Entdeckung eines Wikingerstammes im ewigen Arktiseis an der Klippenhängerdramaturgie der Serials: Nach einer stürmischen Reise zerschellt der Expeditionszeppelin Hyperion in den Luftturbulenzen über dem Vulkantal. Die Männer werden herausgeschleudert. Auf Geheiß des Hohenpriesters (Gunnar Ohlund) will sie der Ältestenrat den Göttern opfern und setzt sie auf

einem brennenden Boot auf einem See aus. Ihre Flucht gestaltet sich zu einer Serie von »near escapes« – vorbei an glühenden Lavaströmen, durch einen erloschenen Krater und einen unterirdischen Fluß in einen Walfriedhof, wo sie von zwei Killerwalen angegriffen werden. Dort finden sie die Überreste der Hyperion, bauen einen Ballon und steigen auf. Ein Brandpfeil des Hohenpriesters läßt den Zeppelin explodieren, ihr Gegner kommt im Flammenmeer um. Ohne seinen Einfluß erlaubt der Ältestenrat nun den Männern die Rückkehr in die Zivilisation.
Mit der Burroughs-Trilogie der englischen Produktionsfirma Amicus aber wandelten sich die Filme schnell vom unteren Mittelmaß zum schlechten.
Ihren Anfang nahm die von Kevin Connor inszenierte Serie mit *The Land that Time Forgot* (Caprona – das vergessene Land, 1974): Im 1. Weltkrieg wird ein britischer Frachter von einem deutschen U-Boot versenkt. Angeführt vom Amerikaner Bowen Tyler (Doug McClure) können die Überlebenden zwar das U-Boot kapern, doch in einem un-

beobachteten Moment verstellt der deutsche Käpt'n (John McEnery) die Kompaßsteuerung. Das Boot kommt vom Kurs ab. Nahe des südlichen Polarkreises entdecken sie eine unbekannte Insel und eine unterirdische Durchfahrt, durch die sie ins Innere der versunkenen Welt gelangen. Wie gehabt, stoßen sie dort auf Dinosaurier und Steinzeitmenschen, die die Mannschaft auf ihrer Suche nach Erdöl dezimieren. Zudem rebellieren die deutschen Gefangenen. Ein Vulkanausbruch zerstört schließlich U-Boot samt Besatzung. Bowen Tyler und seine Freundin Lisa (Susan Penhaligon) überleben als einzige und machen sich auf den Weg zur Küste, um eine Flaschenpost abzusetzen.
In *The People that Time Forgot* (Caprona 2. Teil, 1977) wird die Flasche dann gefunden. »Eine Expeditionsgruppe, drei Männer und eine Frau, bricht in jene unwirtliche Filmgegend auf, ›das verkommenste Stück Land‹, wo die Saurier, die durch den Atelierwald wackeln, noch jung und knusprig geblieben sind. Doch die Leutchen, denen sich eine Steinzeitschöne hinzugesellt, interessieren sich nicht für Stegosaurus-Steaks – sie wollen Doug McClure retten, den es nach Caprona verschlug. Ein Horrorstamm hat den guten Doug eingesperrt, finstre Typen, vermummt wie die Räuber aus den *Sieben Samurai,* die dem Vulkangott opfern. Erraten Sie das Finale? Gewiß, der Vulkan bricht aus, zur Freude der Pyrotechniker. McClure stirbt den Heldentod, die anderen können sich retten.« (Rolf Giesen)
Zwischen diesen beiden Filmen erlebte Doug McClure noch einige Abenteuer *At the Earth's Core* (Der sechste Kontinent, 1976). Mit dem Bohrgerät des Professors Abner Perry (Peter Cushing) ins Land Pellucidar gelangt, führte er die dort ansässigen Steinzeitmenschen in die Rebellion gegen ihre Unterdrücker, die protohumanoiden Sagoths. Und deren Herren, Mahars genannte Riesenvögel, mochten zwar hypnotisch begabt sein, der Faust des amerikanischen Pioniers hatten auch sie nichts entgegenzusetzen. Nach der Zerstörung ihres Lava-Lebenselixiers und der Etablierung einer

neuen Menschenherrschaft konnten die wackeren Kolonialisten dann mit gutem Gewissen an die Erdoberfläche zurückkehren.

Nostalgisch war die Amicus-Serie somit sicherlich. Formal wie inhaltlich zeigen sich kaum Unterschiede zwischen *The*

Land that Time Forgot und *The Land Unknown,* in Unkenntnis des wahren Sachverhalts könnte man die Produktionszeit beider Filme ohne weiters auf die Vierziger datieren. Sattsam bekannte Klischees zu vermeiden, gaben sich die Drehbücher im Lauf der Serie immer weniger Mühe: In *The Land that Time Forgot* etwa versuchte der bekannte SF-Schriftsteller und Drehbuch-Co-Autor Michael Moorcock noch, das abgegriffene Thema um die interessante Idee eines ortsabhängigen Evolutionsgrades (je weiter nördlich, um so entwickelter) zu bereichern. Bereits hier verdrängte jedoch James Cawthornes läppische Krauts-gegen-Briten-Story diesen Ansatz; im zweiten, von Patrick Tilley verfaßten Teil taucht Moorcocks »Erklärung« der Koexistenz von Sauriern und Steinzeitmenschen dann überhaupt nicht mehr auf. Überdies rekrutierten sich die Schauspieler aus der zweiten Garde, im Falle des farblosen Doug McClure sogar aus einer TV-Serie. Einzige Ausnahme war Peter Cushing, der seinen Part in *At the Earth's Core* mit gebührendem Unernst spielte und den Film so wenigstens gelegentlich etwas auffrischte.
Der eigentliche Kardinalfehler, der die einschlägigen Fachkreise zu vernichtenden Kritiken herausforderte, lag jedoch in den plumpen, überkommenen Bildern. Technisch hinkten die Streifen ihrer Zeit um mindestens zwanzig Jahre hinterher. Die Miniatureffekte waren mäßig, die Rückprojektionen durchwegs schlampig gemacht. Die Dinosaurierkostüme lagen qualitativ noch unter Godzilla-Standard, während die lebensgroßen, drahtgesteuerten Pterodactylus-Modelle nur zu sichtbar an Stahlkabeln hingen. Die ideenarmen Pappmachékulissen taten dann noch das übrige.
Trotz alledem spielten die Filme jedoch noch genügend ein, um Gewinn abzuwerfen. Prompt kamen einige, nicht minder mißratene Nachzieher in die Kinos.
Amicus sandte seiner Burroughs-Serie den Film *Warlords of Atlantis* (Tauchfahrt des Schreckens, 1978, Regie: Kevin Connor) hinterher. Charles Berlitz war gerade in aller Mun-

de, und so stieß eine Forschergruppe beim Tauchgang im Bermuda-Dreieck auf die von ehemaligen Marisanern bewohnte, versunkene Stadt Atlantis. Knapp dem Sklavendasein, der Verwandlung in Fischmenschen und dem Tintenfisch-Schatzwächter entronnen, kehrten schließlich drei

›At the Earth's Core‹ (Der sechste Kontinent, England 1976) – ein Sagoth

Überlebende wieder an die Oberfläche zurück. Unnötig zu erwähnen, daß wiederum Doug McClure die Hauptrolle spielte.
The Last Dinosaur (Der letzte Dinosaurier, USA 1977, Regie: Alex Grasshof und Tom Kotani) verlegte sein Augenmerk vom »sense of wonder« auf den Kampf des Menschen gegen die Naturbestie. Statt den weißen Hai oder einen weißen Büffel bekämpft ein Großwildjäger nun unter dem Antarktiseis den Wunschgegner aller Großwildjäger, einen Tyrannosaurier. Er unterliegt dabei zunächst, verliert seine gesamte Ausrüstung und muß den Gegner schließlich mit »natürlichen« Waffen – einer Steinschleuder – bezwingen.
Etwas ideenreicher gab sich die spanische Produktion *Viaje al centro della terra* (Phantastische Reise zum Mittelpunkt der Erde, 1977, Regie: Juan Piquer), die die Saknussem-Epigonen am Mittelpunkt der Erde auf Außerirdische und einen King-Kong-Verschnitt stoßen ließ. Wieder verdarben jedoch technische Mängel den Spaß an der Fabulierfreude des Drehbuchs.
Ende der Siebziger lag die Schlußfolgerung aus all diesen Versuchen auf der Hand: die klassischen Sujets und die althergebrachten Bilder hatten sich endgültig abgenutzt. Den Mut, das einzusehen und die Konsequenzen daraus zu ziehen, hatten bis zu diesem Zeitpunkt allerdings erst zwei Filme aufgebracht. Die naheliegendste Konsequenz war natürlich die Parodie.

Phantasie auf Abwegen

Wie von der britischen Komikertruppe Monty Python zu erwarten war, fielen die Parodien reichlich extrem aus und grenzten bereits ans Kino des Absurden. Das gilt besonders für die undiszipliniertere der beiden, *Monty Python and the Holy Grail* (1974, Regie: Terry Gilliam und Terry Jones): Einzeln und zusammen überwinden Artus (Graham

›Warlords of Atlantis‹ (Tauchfahrt des Schreckens, England 1978)

Chapman) und sein Gefolge – Sir Lancelot, der Tapfere (John Cleese), Sir Robin, der Nicht-ganz-so-Tapfere (Eric Idle) und Sir Nicht-in-diesem Film – einen dreiköpfigen Dialektik-Ritter, das menschenfressende Aargh-Kaninchen und die Brücke des Todes. Der Gral bleibt ihnen jedoch verwehrt. Zum einen hält ein französischer Ritter (John Cleese) die Gralsburg besetzt und überschüttet sie von oben mit Kuhfladen; zum anderen verhaftet sie die Polizei wegen Mord an einem kommentierenden Historiker. Der deutsche Titel *Die Ritter der Kokosnuß* rührt übrigens daher, daß das Pferdegetrappel mit Kokosnüssen simuliert wird.
Demgegenüber konstruiert *Jabberwocky* (Jabberwocky,

›Jabberwocky‹ (Jabberwocky, England 1977) – Dave Prowse alias Darth Vader (rechts) auf der Spur des Monsters

1977, Regie: Terry Gilliam) fast so etwas wie eine durchgehende Handlung, obwohl man vom Titel her das Gegenteil annehmen sollte. Immerhin ist der Jabberwock eine Figur aus Lewis Carrolls »Alice in Wonderland«.

Besager Jabberwock, ein gehörntes und geflügeltes Schuppentier, bedroht das Reich König Brunos des Fragwürdigen (Max Wall). Furchtsam strömt die Landbevölkerung in die Stadt, darunter auch der tumbe Küfer Dennis (Michael Palin). Von seinem Vater verstoßen, hofft er, dort Glück und Reichtum zu finden, um seine angebetete Griselda Fishfinger (Annette Badland) endlich heiraten zu können. In der Stadt verliebt sich zufällig die Prinzessin (Deborah Fallender) in ihn; ebenso zufällig wird Dennis zum Knappen des Weißen Ritters (Dave Prowse), der sich im Turnier das Recht erkämpft hat, den Jabberwock zu töten. Als einziger übersteht Dennis – zufällig – das blutige Gemetzel. Er kehrt mit dem toten Monster zurück und ergattert die Prinzessin und das halbe Königreich.

In erster Linie stellten beide Filme natürlich eine Abrechnung mit den Ritterfilmen dar. Das »Niveau« der realistischen Ruppigkeiten, das sie dabei dem verklärten Kitsch ihrer Vorlage entgegenhielten, schwankte allerdings beträchtlich: Hier und da finden sich sicher Sternstunden des makabren Humors, und auch die Zeitbezüge sind geschickt plaziert. Weitaus häufiger versackt die Komik jedoch in kindischem, schlecht getimten Sexual- und Fäkalklamauk. Als Satiren betrachtet kommen die Filme daher nie über gutes Mittelmaß hinaus.

Angesichts der Schwächen im Drehbuch berührt die inszenatorische Sorgfalt umso sonderbarer. *Monty Python and the Holy Grail* und *Jabberwocky* zeichnen sich durch eine liebevolle Szenenausstattung und sorgsam arrangierte, atmosphärisch dichte Bilder aus. Gerade in den Schlußszenen führt der beinahe krankhafte Drang nach Blut, Gewalt und Verwesung so unvermittelt zu Einstellungen, die an Hieronymus Bosch erinnern.

›Monty Python and the Holy Grail‹ (Die Ritter der Kokosnuß, England 1974)

Die Liter an Harnsäure, mit der die Monty Pythons das Märchenhaft-Romantische verätzten, trafen neben dem Ritterfilm natürlich auch die bislang so klinisch reine Fantasy, die hier plötzlich ihre Ursprünge in Frage gestellt sah. Nur zu deutlich zeigte sich an *Monty Python and the Holy Grail* und *Jabberwocky* ein weiteres Mal, wie dringend das Fantasy-Kino neue Impulse benötigte.

Die Erneuerer

Der Film, der dem Fantasy-Kino die dringend benötigten neuen Impulse gab, stieß auf einen ungeheuren Enthusiasmus, der kaum allein durch die geschickte PR-Arbeit seiner Verleihfirma und die sich anschließende Merchandising-Lawine zu erklären war: Zwei Monate nach seinem Start am 25. Mai 1977 hatte *Star Wars* (Krieg der Sterne) 68 Millionen Dollar eingespielt. Ende August war die 100-Millionen-Marke überschritten. Ein halbes Jahr später stand er an der Spitze der »All Time Film Rental Champs«.
George Lucas hatte die Konsequenzen aus der Abnützung der alten Sujets gezogen und ein künstliches Epos zusammengebraut, dessen Bestandteile und Bilder für sich allein zwar absolut nicht neu waren, in der Summe aber doch ein eigenes, neues, zum Ausleben der Fluchtphantasien geeignetes Universum ergaben. *Star Wars* war Comic-Strip, Serial, Swashbuckler, Western und futuristischer Kriegsfilm zugleich. Tattooine paraphrasierte Frank Herberts Arrakis, während C3-PO wie eine Kreuzung des Maria-Doppelgängers aus *Metropolis* und des Zinnmanns aus *The Wizard of Oz* wirkte – es ist inzwischen schon zum Klischee geworden, das alles auf die Fähigkeit Lucas' zurückzuführen, Kindheitserlebnisse auf der Leinwand nachvollziehen zu können. Natürlich verwischte der technisch ultramoderne und inhaltlich doch so altmodische Film auch die Trennlinie zwischen klassischer SF und klassischer Fantasy. Science-Fiction war an *Star Wars* praktisch nur noch das verbindende Drumherum, im Kern jedoch stand eine simple, naive Märchengeschichte. Seine Handlung ist angefüllt mit typischen Märchenmotiven und eindimensionalen Charakteren – die Prinzessin in Not, der böse Zauberer, der gute Zauberer, sein Lehrling, der tapfere Bauernbursche vom Wüstenplaneten Tattooine. Und im Mittelpunkt von *Star Wars* und seinen Nachfolgern *The Empire Strikes Back* (Das Imperium

schlägt zurück, USA 1980) und *Return of the Jedi* (Die Rückkehr der Jedi-Ritter, USA 1983) steht natürlich, angemessen für ein Märchen, der Sozialisationsprozeß ebendieses Bauernjungen.
Wie auch immer man zu Lucas' Rezept der Radikalplünderung stehen mag, die Märchenkrise, die auch eine Bilderkrise gewesen war, hatte *Star Wars* endgültig überwunden. Daß der Film als Märchen so gut ankam, lag daran, daß Lucas einen zeitgemäßen utopischen Rahmen gewählt hatte. Daß er als Märchen aber auch funktionierte, war der Perfektion seiner phantastischen Bilder und der Selbstverständlichkeit, mit der sie präsentiert wurden, zuzuschreiben. Die Bilder erreichten ab sofort überlebensgroße, ja ikonische Qualitäten. Sie standen nicht mehr nur im leeren Raum, sondern transportierten ganz explizit eine Botschaft, eine Hoffnung: Zum ersten Mal war in *Star Wars* der traditionelle Gut/Böse-Konflikt in großem Rahmen mit dem mystifizierten Antagonismus Natur/Technik gekoppelt.
Diese Idee war nicht neu, sondern lag zu diesem Zeitpunkt sozusagen in der Luft: Ein anderer Film aus demselben Jahr handelte dasselbe Thema ab und bediente sich dabei noch im stärkeren Maß als *Star Wars* der Asservatenkiste der Fantasy: Auch in Ralph Bakshis post-doomsday-Zeichentrickfilm *Wizards* (Die Welt in 10 Millionen Jahren) sind beide Prinzipien personifiziert: Avatar, ein dicklicher, gutmütiger Zauberer, verkörpert die positiven Werte Natur und Liebe; sein Bruder Blackwolf, ein dürrer, verunstalteter Hexer, die Technologie. Der erste Kampf der beiden geht zugunsten Avatars aus, Blackwolf wird zu den Mutanten ins Land Skortch (scorched earth = verbrannte Erde) verbannt. Dort stößt er auf alte Panzer, einen Filmprojektor und alte Nazi-Wochenschauen, mit deren Hilfe er seine Truppen zum Kampf aufstachelt. Als die Elfen- und Zwergenarmeen immer weiter zurückgedrängt werden, bricht Avatar mit zwei Gefährten, Weehawk und Elinor, nach Skortch auf, zerstört den Projektor und tötet seinen Bruder im Duell.

Der Grund, daß *Wizards* nicht einmal annähernd die Resonanz eines *Star Wars* fand, dürfte zum einen in seinem Zynismus und vor allem in seinen technischen Unzulänglichkeiten liegen. Dem episodischen Ablauf des Films entsprach seine stilistische Uneinheitlichkeit: Ohne formalen Hintersinn wechseln Standbilder, schlechte Rotoscope-Aufnahmen, konventionelle Animation und beeindruckende, an Bosch oder Jacopelli angelehnte Hintergründe postatomarer Landschaften einander ab. Die aufgesetzten Manierismen, mit denen Bakshi dabei der doch simplen Botschaft einen seriösen Touch zu verleihen sucht, können kaum verbergen, daß *Wizards* für ihn lediglich ein Vorwand für die Präsentation von Holocaust-Häßlichkeiten darstellt. Besonders zynisch und im Kontext eigentlich widersprüchlich ist der Schluß des Films. Avatar erkennt, daß die weiße Magie der Natur hilflos gegen den Feind ist. Böse Technologie kann nur mit den eigenen Waffen geschlagen werden: Avatar zieht eine Pistole und erschießt seinen eigenen Bruder.
Da mit *Star Wars* bereits das Plagiat so ungeheuer erfolgreich gewesen war, gewann schließlich auch der Ahnherr aller synthetischen Epen filmische Konturen. Nach der in *Wizards* geleisteten Vorarbeit nahm sich Ralph Bakshi unmittelbar darauf J. R. R. Tolkiens »The Lord of the Rings« an. Der prinzipielle Nachteil des Films stand von vornherein fest: Eine Umsetzung in toto war naturgemäß unmöglich. Bakshi mußte sich auf die seiner Meinung nach relevanten Teile des Buchs beschränken und dabei genau jenen Hintergrund opfern, der mit seiner überaus großen Detailliertheit den Reiz des Werks ausmacht. Tolkien-Kenner würden Bakshis Interpretation nicht akzeptieren. Unbedarften Zuschauern andrerseits, die noch nie zuvor von Mittelerde gehört hatten, war die Handlung auch dann noch viel zu komplex. Bakshi selbst war sich dieser Problematik durchaus bewußt: »›The Lord of the Rings‹ hat längst einen Platz im Unterbewußtsein der Menschen erlangt, gleich einem historischen Ereignis, einem Mythos, einer populären Sage. Wie in

›Wizards‹ (Die Welt in 10 Millionen Jahren, USA 1977)

all diesen Fällen hat jeder seine eigenen Vorstellungen über die Bedeutung des Buches, das Aussehen der Charaktere. Was auch immer ich in diesem Film mache, kann den persönlichen Vorstellungen einzelner Leser nicht gerecht werden. Daher war eine Bearbeitung des Stoffes schon eine schwere Bürde. Trotzdem habe ich mich der Aufgabe mit einem gewissen Vergnügen gestellt. Ich bin sicher, jeder Regisseur, der einen Literaturklassiker umsetzen muß, kann mir das nachfühlen.«

Im wesentlichen Handlungsablauf hielt sich Bakshi an die Vorlage: Auf Geheiß des Zauberers Gandalf macht sich der Hobbit Frodo Beutlin, begleitet von seinen Gefährten Sam Gamdschie, Peregrin Tuck und Meriadoc Brandybock, auf die gefährliche Reise ins Land Mordor, um den Meisterring im Schicksalsberg zu vernichten und ihn damit dem Zugriff des bösen Sauron zu entziehen. Dank der Hilfe des einstigen

Königs Aragorn gelangen die Hobbits ins sichere Bruchtal, wo der Elbenrat zur Unterstützung Frodos die Neunergemeinschaft des Ringes gründet. Ihre Weiterreise steht unter einem unglücklichen Stern: In den Minen von Moria fällt Gandalf einem Feuerdämon zum Opfer, und nach einem kurzen Aufenthalt im friedlichen Lothlorien entzweit der finstre Einfluß von Frodos Ring die Gefährten. Frodo und Sam machen sich allein auf den Weg nach Mordor. Unterwegs begegnen sie Gollum, dem einstigen Besitzer des Rings, der ihnen nicht ganz uneigennützig seine Hilfe anbietet. Inzwischen verteidigen die restlichen Mitglieder der Gemeinschaft das Schloß König Théodens gegen Sarumans anrückende Ork-Scharen. Alles scheint verloren, als Gandalf, von den Toten auferstanden, der Schlacht die entscheidende Wende gibt. An dieser Stelle endet der Film völlig unvermittelt. (Geschickter wäre gewesen, Frodos Geschichte mit seiner Trennung von der Gemeinschaft abzubrechen, und die Parallelhandlung wenigstens bis zur endgültigen Niederlage Sarumans fortzuführen.)

Ein großer Teil von *The Lord of the Rings* (Der Herr der Ringe, USA 1978) wurde wiederum in der zeitsparenden Rotoskopie-Technik hergestellt. Die Kampfszenen bei Helms Klamm etwa ließ Bakshi in Spanien mit echten Schauspielern und einer echten Burg drehen. Hernach wurden die Aufnahmen dann eingefärbt und gegebenenfalls noch retuschiert. Leider benützte Bakshi diese Technik nicht konsequent. Wenn ein Charakter (Aragorn) sowohl als gezeichnete Figur wie als eingefärbter Videoclip auftritt, offenbart sich die Sorglosigkeit Bakshis, die sich noch in manch anderen Details unangenehm bemerkbar macht. Trotz aller formaler Schwächen evozieren seine fremdartigen Bilder in den reinen Animationsszenen indes die Tolkien-Stimmung nahezu perfekt. Wie schon in *Wizards* faszinieren dabei vor allem die phantasievollen Hintergründe: Frodos Flucht vor den Schwarzen Reitern an der Furt von

Bruchtal ist eine der herausragenden Sequenzen des mythischen Kinos.
Insgesamt wäre *The Lord of the Rings* möglicherweise besser zu beurteilen, wenn der seit Jahren versprochene zweite Teil endlich seine Leinwand-Inkarnation erleben würde. Das scheint, zum jetzigen Zeitpunkt wenigstens, jedoch recht unwahrscheinlich: Als Bakshis Projekt seinerzeit publik wurde, erwarb die britische Firma Rankin/Bass die Rechte an Tolkiens Vorgeschichte der Ring-Trilogie und produzierte mit einem japanischen Animationsteam den Zeichentrickfilm *The Hobbit,* den das amerikanische Fernsehen im November 1977 ausstrahlte. Als sich schließlich

›The Lord of the Rings‹ (Der Herr der Ringe, USA 1978) – Frodo und die schwarzen Reiter

zeigte, daß Bakshi nur die ersten beiden Teile der Ring-Trilogie verfilmt hatte, kam im Mai 1980, wieder vom selben Team, *The Return of the King* ins US-Fernsehen. Beide Filme bedienen sich der »limited animation« und sind typische TV-Produkte, auf die näher einzugehen sich nicht lohnt.

Das Jahr 1981 verdeutlichte an zwei Filmen noch einmal den Unterschied zwischen alter und neuer Fantasy. Nicht nur die alten Bilder waren abgenützt, auch die alten Fluchtphantasien waren seit *Star Wars* passé. Damit mußte *Clash of the Titans* (Kampf der Titanen, Regie: Desmond Davis) von vornherein als Anachronismus erscheinen. Als solcher könnte er durchaus einen gewissen Kuriositätenwert haben, verdrießlich stimmt, daß er es nicht dabei belassen will. In ihrem Bemühen, den Film etwas auf die vermeintlichen Bedürfnisse des *Star Wars*-Publikums maßzuschneidern, kopierte Drehbuchautorin Beverley Cross zwar einige äußere Elemente des Lucas-Films (am peinlichsten dabei wohl in der Metalleule Bubo), versäumte jedoch, die Kerninhalte zu übernehmen.

Die Tatsache, daß Harryhausen den Streifen in erster Linie zu einer Hommage an sich selbst – mit besonderem Augenmerk auf *Jason and the Argonauts,* von dem ganze Einstellungsserien kopiert werden – betrachtete, trugen auch nicht gerade dazu bei, die platte Handlung aufzuwerten: »Nach der Zerstörung der Stadt Argos durch eifersüchtige Göttinnen erfährt der überlebende Perseus (Harry Hamlin), Sohn des Zeus (Laurence Olivier), von dem Rätsel der Andromeda (Judi Bowker). Er macht sich auf, es zu lösen, doch bevor er seinen Erfolg mit der schönen Königstochter auskosten kann, trifft ihn die Rache der eifersüchtigen Göttin Thetis (Maggie Smith), deren mißgestalteten Sohn Calibos Perseus zuvor verstümmelt hatte. Andromeda soll, um Thetis zu besänftigen, einem Meeresungeheuer geopfert werden. Perseus findet gemeinsam mit dem geflügelten Pferd Pegasus und der mechanischen Eule Bubo einen Weg der Rettung. Mit dem Haupt der Medusa, deren Blick die Lebewesen zu

›Clash of the Titans‹ (Kampf der Titanen, USA 1981) – Cowboy im alten Griechenland

Stein erstarren läßt, bezwingt er das Meeresungeheuer und vermählt sich mit Andromeda, während Vater Zeus zufrieden vom Olymp herunterblickt.« (Rainer Casper)
Negativ wirkten sich die *Star Wars*-Parallelen ferner in technischer Hinsicht aus, da man ständig an die weit überlegenen Matte- und Miniatureffekte bei Lucas erinnert wurde. Abgesehen von einer atmosphärisch dichten Sequenz im Tempel der Medusa wirkten selbst Harryhausens Stop-Motion-Monstren, darunter ein Geier, der Höllenhund Dioskylos und drei Riesenskorpione, nur mehr antiquiert: »Es ist unbegreiflich, warum Harryhausen gerade von fliegenden Animationsfiguren, die am wenigstens überzeugend sind, regen Gebrauch macht. Den Geier z. B., der nur wie ein echter aussieht, hätte man leicht durch einen solchen ersetzen können.« (Peter Gaschler)

Zieht man ferner noch die indiskutablen Schauspielerleistungen und lächerlichen Dialoge in Betracht, ist es verständlich, daß das 15-Millionen-Dollar-Projekt auf vernichtende Kritiken stieß. Letztendlich stand und fiel der kommerzielle Erfolg jedoch mit der Zugkraft des Namens Harryhausen, der mittlerweile längst zu seiner eigenen Legende geworden war. *Clash of the Titans* war weltweit ebenso erfolgreich wie der Film, der unwiderruflich das Zeitalter der »neuen« Fantasy einleitete.

Mit *Excalibur* (Excalibur, USA 1981) erlebte das Bild seinen endgültigen Triumph. Boormans Film ist ein opulenter Bilderrausch, gleichsam die Addition aller Klischeevorstellungen zum Thema Märchen/Mythos/Sage; er nahm sich der gesamten Artus-Epik an, interessierte sich im Grunde aber überhaupt nicht für ihren tieferen Gehalt. Statt dessen servierte *Excalibur* eine Traumwelt. Eine Kritik wie die Joseph Francavillas, der dem Film seine häufigen Anachronismen und seine mangelnde Geschichtstreue ankreidet, verkennt daher die Intention; Träume haben sich um Abgeschlossenheit nicht zu kümmern.

Seine Wirkung verdankt *Excalibur* vor allem dem visuellen Genie Boormans, den von Alex Thompson bestechend schön abfotografierten irischen Urlandschaften sowie Tony Pratts verschwenderischer Ausstattung: »Boorman bedient sich erfrischend ungeniert aus der Bildvorstellung der Malerei des späten 19. Jahrhunderts etwa. Präraffaelitische Dekadenz, mystisch überhöhte Landschaftsbilder wie in der Nachromantik, überzogene Farbwerte des Symbolismus usw. wechseln ab mit Monumentalkitsch, der hingegen von Frazetta sein könnte, und geht über in Farbwerte und Kulissendetails, die man von Corman her kennt. Und das alles, auch noch mit Selbstzitaten des Regisseurs aus *Zardoz* (Zardoz, GB 1973) und *Deliverance* (Beim Sterben ist jeder der erste, USA 1972) versehen, wird tatsächlich zu einem fesselnden Feuerwerk der Bildeindrücke und Anspielungen. Boorman ist ein genialer Kompilator; das gilt auch für die

Musik. Geschickt benutzt er Motive von Wagner und Orff und unterwirft sie souverän seiner effektsicheren Dramaturgie. Bisweilen freilich ufert das ein wenig aus ... aber insgesamt rundet sich das doch zu einem mythischen Gesamtkosmos, der zwar weitgehend trivial und oberflächenbetont ist, aber doch ziemlich einzigartig in Spannung, Effekt und atmosphärischer Kraft.« (Hubert Haslberger)

Das dunkle Zeitalter. Nebel, Finsternis, erdige fahlgelbe Töne beherrschen die ersten Minuten des Kampfgetümmels. In einer bestechenden Gegenlichtaufnahme tritt Merlin (Nicol Williamson) aus dem Feuerschein und befiehlt den Kontrahenten, sich am See zu sammeln. Die Farben wandeln sich zu einem hellen Grün, aus dem See erscheint Excalibur, »das Schwert der Macht. Geschmiedet als die Welt noch jung war; als Vogel, Tier und Blume eins waren mit dem Menschen, und der Tod nur ein Traum war.« Doch der auserwählte neue Träger Uther Pendragon (Gabriel Byrne) mißbraucht seine Macht; nicht die friedliche Einheit herzustellen, sondern allein zu siegen, zu töten, zu herrschen ist seine Absicht. Und Liebe bedeutet für ihn nichts Romantisches, sondern einzig und allein Besitz: So sehr begehrt er Igrayne (Katrine Boorman), die Frau des Herzogs von Cornwall (Corin Redgrave), daß der eben erst geschlossene Waffenstillstand daran zerbricht. Schnell verdüstern sich die Farben wieder.

Uthers Machtdrang droht, Merlins Pläne zu sabotieren. Nur zu bereitwillig unterstützt ihn der Zauberer daher bei seinem Weg in den Untergang. Für den Preis der daraus entstehenden Frucht verhilft er Uther zu einer Liebesnacht mit Igrayne. Auf dem Nebelatem des heraufbeschworenen Drachen, jener »Bestie ungeheurer Macht, die überall und in allem zu finden ist«, gelangt Uther, dem Merlins Magie das Aussehen Cornwalls verliehen hat, in dessen Burg. Während Uther mit Igrayne dem Höhepunkt entgegentreibt, erlischt parallel dazu das Leben Cornwalls, der bei der Verfolgung von Uthers Armee in einen Speer stürzt. Neun Monate später fordert Merlin seinen Tribut: das Kind, das in jener Nacht gezeugt wurde. Widerwillig gibt es ihm Uther, überlegt es sich jedoch noch mal und reitet Merlin hinterher. Von Rebellen überfallen und tödlich verwundet, treibt er mit letzter Kraft Excalibur in den Stein, aus dem es nur ein würdiger König wieder befreien kann.

18 Jahre vergehen. Merlins Plan trägt die ersten Früchte. Mit dem Erscheinen des jungen Arthur (Nigel Terry), Uthers Sohn, hellt sich die Finsternis auf. Durch eine Kette scheinbarer Zufälle dazu veranlaßt, zieht er Excalibur aus dem Stein: Arthur ist der neue König. Sein Wagemut und Stolz bekehren einige unüberzeugte Ritter, er verliebt sich darüber hinaus in die schöne Guenevere (Cherie Lunghi). Doch auch Arthur ist nicht ohne Fehl: Im Duell gegen den übermächtigen Lancelot (Nicholas Clay) läßt er sich von seinem Zorn leiten und benützt Excalibur, wie sein Vater, zum Töten. Das Schwert zerbricht. Arthur bereut seine Tat sogleich, und die Königin der See gibt ihm eine neue Chance. Sie stellt Excaliburs Ganzheit wieder her, der genesene Lancelot wird Arthurs erster Ritter.

Nach zahlreichen Schlachten ist das Land befriedet. Merlin initiiert die Gründung einer Tafelrunde und vollendet damit seinen Plan. Er selbst weiß nur zu gut, daß seine Zeit als Lenker des Geschicks zu Ende geht. Denn »die Tage sind gezählt für Menschen, wie wir es sind. Bald gibt es nur noch einen Gott, die alten Götter werden vertrieben. Die Geister des Waldes und der Bäche werden allmählich verstummen, das ist der Lauf der Dinge; ja, es ist eine Welt, in der für uns kein Platz mehr ist.« Mit Camelot hofft er, die Kontinuität der alten Welt zu garantieren, in einer Endzeit, in der mit dem aufblühenden Christentum gleichzeitig eine Götterdämmerung – das musikalische Kernthema stammt ja auch aus Wagners Oper – hereinbricht.

Doch die Intrigen und Ränkespiele, die er zu diesem Zwekke inszeniert hat, beginnen sich zu rächen: Die rachedurstige Zauberin Morgana (Helen Mirren), Arthurs Halbschwe-

›Excalibur‹ (Excalibur, USA 1981) – Lancelot (Nicholas Clay) schwört Arthur ewige Treue

ster, läßt kurz nach der Heirat das Gerücht verbreiten, daß Lancelot ein Verhältnis mit Arthurs Frau Guenevere habe. Schließlich muß Arthur einsehen, daß Morgana recht hat. Sein Mentor Merlin versucht noch einmal, das Geschick zu wenden, wird dabei aber von Morgana in einen Kristall verbannt. Als Morgana, die das Aussehen Gueneveres angenommen hat, Inzest mit Arthur begeht und von ihm einen Sohn, Mordred, empfängt, ist ihr Triumph komplett. Angesichts des beidseitig vollzogenen Ehebruchs verzichtet Arthur auf Excalibur und fällt in Schwermut. Das Land wird von Hungersnöten und Pestilenz heimgesucht.

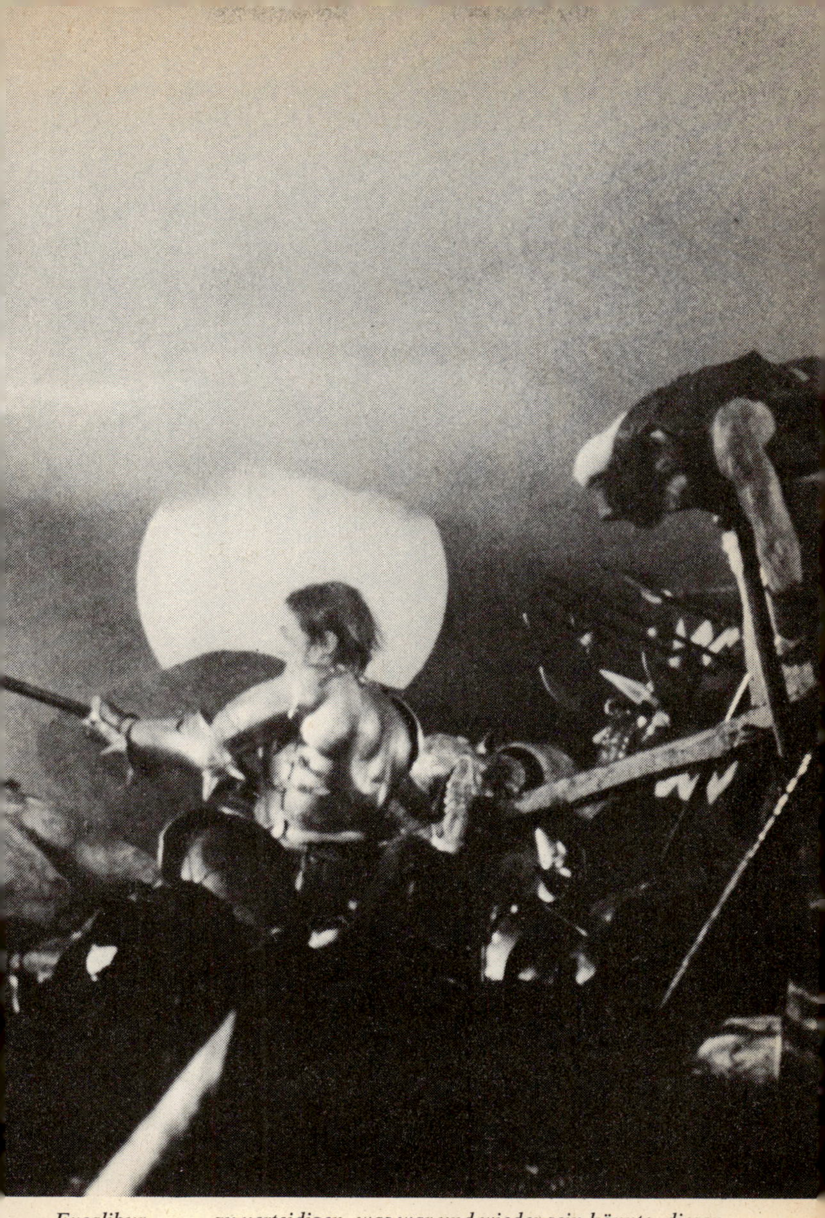

›Excalibur‹ – »... zu verteidigen, was war und wieder sein könnte, diesen Traum.«

›Excalibur‹ – Arthurs Hochzeit

Um wiederzufinden, was verloren ist, entsendet Arthur seine Ritter auf die Suche nach dem Gral. Lange Jahre vergehen ob der ergebnislosen Odyssee durch surrealistische Landschaften. Fast alle Ritter fallen Morganas Machenschaften zum Opfer, nur Parsifal (Paul Geoffrey) entgeht als einziger ihrer tödlichen Versuchung. Er findet den Gral jedoch erst, als er sich seiner Ritterkleidung entledigt, und bloß als der unschuldige Tor, der er einmal war, in die Gralsburg eintritt. Die Botschaft des Grals aber (»Ihr seid das Land und das Land seid ihr«) bringt kein Heil, sondern Untergang. Mit neuem Lebensmut – begleitet von »O Fortuna« aus Carl Orffs »Carmina Burana« – stellt sich Arthur der finalen Schlacht gegen Mordred, während um ihn herum das Land zu blühen beginnt: »Die Tafelrunde war eine wunderschöne Zeit, die unvergeßlich bleiben wird, und weil sie unvergeßlich bleiben wird, wird sie einmal wiederkehren. Jetzt muß ich noch einmal mit meinen Rittern ausziehen zu vertei-

›Excalibur‹ – Mordreds Rachefeldzug

digen, was war und wieder sein könnte, diesen Traum.« Einzig Parsifal überlebt das blutige Gemetzel, das mit der gegenseitigen Ermordung Arthurs und Mordreds ein Ende nimmt. Auf Geheiß des sterbenden Königs übergibt er Excalibur wieder der Königin der See. Wo es ruhen wird, bis sich ein neuer König seiner würdig erweisen wird.
Was sich im Fantasy-Film bisher nur implizit, wenn überhaupt, gefunden hatte, formulierte *Excalibur* in aller Deutlichkeit. Seine Lobeshymne auf Mystizismus und Naturverbundenheit entstammte unverkennbar der romantischen Tradition, dies war ja auch bereits in Malorys Vorlage so angelegt.
Wie die literarische Gattung einst, so wandte sich der neoromantische Fantasy-Film jetzt gegen die Übermacht des Rationalismus und die sich immer krasser abzeichnende Entfremdung der Menschheit von ihren Ursprüngen. Nicht ohne Grund ist daher Merlin, der Magier und Alchimist, die eigentliche Zentralfigur des Films; so sehr im übrigen, daß der Film nach Merlins Verschwinden trotz weiterhin faszinierender Bilder ein Gutteil seiner Kraft verliert.
Obwohl Boorman die Tradition ritterlicher Wertvorstellungen hochhielt und zudem eine gehörige Portion Kitsch in den Film einfließen ließ, war *Excalibur* letztendlich doch kein Heldenjubelstück, kein »Reagan-Film« (Haslberger) im Stile eines *An Officer and a Gentleman* (Ein Offizier und Gentlemen, USA 1982). Wohl sind die Personen bei ihm pure Klischees (nicht zuletzt hatte ja auch George Lucas die Personenkonstellation der Artus-Sage für *Star Wars* übernommen – Luke Skywalker gleich Arthur, Obi-wan Kenobi gleich Merlin usw.), doch er ironisiert das allgegenwärtige Pathos beständig, an einer Stelle taucht sogar Slapstick auf: Merlin ist in *Excalibur* nicht nur allwissender Lenker, sondern auch amüsierter Beobachter. (Allerdings muß hinzugefügt werden, daß die synchronisierte Version die ironischen Nuancen in der Ausdrucksweise Nicol Williamsons leider etwas nivelliert.)

›Feuer und Schwert‹ (BRD 1982)

Interessanterweise fand Boorman kaum direkte Plagiatoren. Einzig Veith von Fürstenberg suchte mit *Feuer und Schwert* (1982) so etwas wie ein deutsches *Excalibur* zu schaffen, indem er sich der Legende von Tristan und Isolde annahm.

In den Händen der flachen Titeldarsteller (Christoph Waltz, Antonia Preser) geriet die symbolbeladene Obsessionsgeschichte Eilhard von Oberges allerdings zu wenig mehr als einer platten Ehebruchsgeschichte, bei der von Mystik nicht mehr viel zu spüren ist. Zwar gelangen dem Kameramann Jacques Seyn dabei einige ästhetische Landschaftsbilder, der Film in seiner Gesamtheit jedoch war allzu bieder, gehemmt und geradezu pentrant bedeutungsschwanger inszeniert.

Die Barbaren

Mit den Erfolgen von *The Lord of the Rings* und *Excalibur* kam die Fantasy-Welle ins Rollen. Produzenten allerorten gingen auf die Suche nach Stoffen – Material lieferte die Literatur genug. Schnell zeigte sich, daß die märchenhaften Welten eines Tolkien oder eines T. H. White, dessen »The Once and Future King« (1958) eine weitere Quelle Boormans war, nur die eine Seite der Fantasy darstellten. Das Gegenstück zu den Hobbits fand sich bei den (in der Literatur so überreich vertretenen) Barbarengeschichten.
Der Wunsch nach Zivilisationsflucht bildete natürlich die Wurzel beider Spielarten, die benützten Mittel aber waren völlig verschieden. Gaben sich die einen noch optimistisch und sahen in der Besinnung auf die Macht der Phantasie die Hoffnung der Zukunft, wiesen die Barbarengeschichten schon einen weitaus pessimistischeren Unterbau auf: Das Überlebensrezept ihrer Helden, die außer ihrem hypertrophen Muskelapparat rein gar nichts mehr mit ihren italienischen Kollegen von einst gemeinsam hatten, hieß uneingeschränkter Egoismus, Mißtrauen gegen alle anderen, Grausamkeit gegenüber dem Feind. Die Barbaren aus archaischen Zeiten waren überstark, grimmig, potent im Bett und mehr noch auf dem Schlachtfeld; Frauen, solange es sich nicht gerade um Amazonen handelte, dienten ihnen meist nur als Gebrauchsobjekt. Unnötig zu erwähnen, daß die einschlägigen Filme und Romane mitunter faschistoide Tendenzen aufweisen. (Der Vorwurf, daß sich in ihnen die Sehnsucht nach einem »Führer« artikuliert, ist indes nicht gerechtfertigt. Denn der Held strebt im Grunde nicht nach Herrschaft, sondern Autarkie. Der Tradition des »lonesome cowboy« gemäß, will er frei und niemandem verantwortlich sein und sein Leben unabhängig von einer Gesellschaft leben, in der er sich nicht wohlfühlt.)

Eine Auswirkung auf die Gestaltung der Filme konnte nicht ausbleiben. Barbarenfilme interessieren sich wenig für die möglichst detaillierte Konstruktion der archaischen Umgebung, durch die der Held sich mordet. Oft legen sie lediglich in einem kurzen Prolog einige Parameter fest, um sich dann ganz auf die eher belanglose Rachegeschichte – eine erneute Verwandtschaft zum Western – zu konzentrieren. Was ihnen in den Augen der Produzenten schließlich noch einen weiteren Reiz verlieh, war die Möglichkeit, die Story zeitgemäß mit einigen Sadismen zu garnieren. Immerhin waren zu diesem Zeitpunkt gerade Psychokiller und Zombies besonders aktuell.
Trotzdem fanden die ersten Barbarenstreifen, die 1980/81 in die Kinos kamen, nicht die erwartete Resonanz. In erster Linie lag das freilich an ihrem B-Film-Charakter, weniger am Thema selbst.
Hawk the Slayer (GB 1980, Regie: Terry Marcel) erzählte die Geschichte zweier Brüder, Hawk (John Terry) und Voltan (Jack Palance). Mit einem geerbten Zauberschwert bricht Hawk auf, Voltans Mord an beider Vater und an seiner Braut zu rächen. Er rettet eine gute Hexe (Patricia Quinn) vor dem Scheiterhaufen und versammelt drei alte Freunde um sich, einen Riesen, einen Elf und einen Zwerg. In der belagerten Abtei von Caddonbury kommt es schließlich zum Kampf, bei dem Voltan am Ende – natürlich – unterliegt. »Die Trickarbeit ist simpel: Ein magischer Meteorsturm, der aussieht, als ob man eine Menge Tischtennisbälle in ein Gebläse geworfen hätte; ein Ritt durch einen rückprojizierten Tolkien-Wald; der magische Ring der Hexe, der sich dreht, wenn er Hawks Team herbeiruft. Neben Harry Robertson, dessen Soundtrack beständig denselben Discorhythmus wiederholt, trugen auch Terry Marcels bleierne Inszenierung und John Terrys Farblosigkeit ihren Teil zum Niedergang des Filmes bei. Alles in allem: zuviel ›sword‹ und zuwenig ›sorcery‹.« (Mike Childs)
Fugitive from the Empire (Der Zauberbogen, USA 1981,

Regie: Nicholas Corea) hieß eine Produktion der amerikanischen Fernsehgesellschaft NBC, die unter dem abgeänderten Titel *The Archer and the Sorceress* auch in den europäischen Kinos ihre Runden drehte. Von seinen Feinden des Mordes an seinem Vater Brakus (George Kennedy) beschuldigt, zieht darin dessen Sohn Toran (Lane Caudell) samt blitzversprühendem Zauberbogen los, den weisen Zauberer Lazar-Sa zu finden. Der überaus episodischen Handlung, die den Helden und seine beiden Kumpane u. a. in Kämpfe gegen die machthungrigen Schlangenmänner und einen Thronstreit verwickelt, sah man allerdings nur zu deutlich die Plazierung der ursprünglich eingeblendeten Werbespots an. Am Ende findet das dürftig ausgestattete Geschehen nicht mal eine Auflösung, so daß *Fugitive from the Empire* wohl nur als Pilotfilm einer eventuell beabsichtigten Fantasy-Serie anzusehen ist.
Wie so viele Produkte dieser Untergattung leiden beide Filme daran, daß sie die verschiedenen Genre-Einflüsse und Stile nicht wie *Star Wars* oder *Excalibur* zu einer zusammenhängenden Gesamtstruktur zu vereinen wußten, sondern voneinander losgelöst aneinanderkletteten.
Die etwas erfolgreichere Zeichentrick-Anthologie *Heavy Metal* (Heavy Metal, USA/Kanada 1981, Regie: Gerald Potterton) versuchte denn auch erst gar nicht, die unterschiedlichen Stilrichtungen seiner Comicvorlagen zu einem Ganzen zu vereinen. So besitzt die arg konstruierte Rahmenhandlung nur mehr Alibicharakter: Der Loch-nar, eine grüne Kugel, die das absolut Böse verkörpert, erzählt einem jungen Mädchen von seinem verderblichen Einfluß auf die Menschen. Von den insgesamt sechs Episoden – in ihrer anachronistischen Vermengung von Film noir und SF nimmt »Harry Canyon« übrigens *Blade Runner* (Der Blade Runner, USA 1982) vorweg – sind jedoch nur zwei der Fantasy zuzurechnen: In »Den«, entstanden nach Comicstrips von Richard Corben, transformiert der Loch-nar einen mickrigen Schuljungen in einen Muskelprotz und teleportiert ihn

in eine fremde Welt. Das Ganze war im Grunde nichts weiter als das »laue Hirngespinst eines fleißig onanierenden Jünglings« (Tim Lucas). Die Selbstironie, mit der sie den Klischees vom potenten Barbaren begegnet, machte die Episode jedoch noch einigermaßen erträglich. Im Gegensatz dazu entpuppt sich »Taarna«, die abschließende Episode, nur noch als eine 27-minütige Reader's-Digest-Fassung einschlägiger Heroic-Fantasy-Muster. Einmal mehr wird eine Rachegeschichte mit deutlichen Westernanklängen abgespult: Die Titelheldin rächt den Massenmord an einem friedliebenden Volk, wobei das grüne Blut in hohen Fontänen spritzt und die Köpfe nur so rollen. Solche eintönigen Mischungen aus Gewalt und prallen Busen beherrschten im übrigen auch den Rest des Films. Zumal durch die nur selten beeindruckende Animation wurde *Heavy Metal* als Ganzes seiner Magazinvorlage daher nicht gerecht.

Nach diesen Vorgeplänkeln erlebte im Mai 1982 schließlich der berühmteste aller Barbaren sein Leinwanddebüt. Mit den ersten Vorbereitungen zu einer Verfilmung von Robert E. Howards »Conan«-Romanen war zwar bereits 1976 begonnen worden, doch der überaus schwierige Erwerb der Rechte zögerte die Produktion immer weiter hinaus. Als sich der Fantasy-Boom langsam abzuzeichnen begann, wurde die Arbeit etwas beschleunigt; mit dem rechtsgerichteten Regisseur John Milius stieg auch Dino de Laurentiis in das Projekt ein. Die Dreharbeiten begannen Januar 1981 in Spanien: »Am Set benahm sich Milius wie ein General«, berichtet Arnold Schwarzenegger, »er ließ uns mit echten Schwertern kämpfen, dabei kam es auch zu mehreren Unfällen. Sein Kommentar war meist derselbe: Der Schmerz geht vorüber, nur der Film ist ewig.« Kein Wunder also, daß *Conan the Barbarian* (Conan, der Barbar) ein sehr ehrlicher Film ist und keinen Versuch unternimmt, seine Ideologie auf irgendeine Weise zu kaschieren. Gleich zu Anfang steht etwa das bekannte Nietzsche-Zitat: »Was uns nicht umbringt, macht uns nur noch stärker«. Und das erste, was der junge Conan

(Jorge Sanz) von seinem Vater (William Smith) lernt, ist, daß er nur der Macht des Schwertes und niemals anderen Menschen trauen darf.
Einer von Milius' wesentlichsten Beiträgen bestand in der sorgfältig herausgearbeiteten Motivation Conans. Aus Robert E. Howards »Söldner mit der Mentalität eines Kongo-Müller« (Hans Joachim Alpers) war nun ein einsamer Rächer geworden: Anlaß seines Feldzugs ist nun die Ermordung seiner Eltern durch den Hohenpriester des Schlangenkults, Thulsa Doom, der den Waisen danach in die Sklaverei entführen ließ.
Lange Jahre der Zwangsarbeit stählen die Muskeln des Jungen, er wird zum gefürchteten Gladiator. Als ihn sein Herr endlich freiläßt, zieht Conan (Arnold Schwarzenegger) auf der Suche nach Doom (James Earl Jones) durch die Wildnis. Als er in einer unterirdischen Gruft ein Schwert findet, gewinnt er damit zugleich seine Potenz zurück. Kurz darauf schläft er mit einer Frau (Cassandra Gaviola), die sich indes als Wolfshexe erweist und sich während des Akts in eine reißende Bestie verwandelt. (Andreas Berger zählt diese Sequenz übrigens zu den Schlüsselszenen faschistischer Filme im allgemeinen.) Mit ihrer Vernichtung befreit Conan zugleich einen weiteren Gefangenen, den mongolischen Dieb Subotai (Gerry Lopez). Gemeinsam ziehen beide, den Informationen der Wolfshexe folgend, nach Shadizar. Beim Versuch, aus dem dortigen Tempel der Schlangen einen riesigen Edelstein zu rauben, lernt Conan Valeria (Sandahl Bergman), die »Königin der Diebe«, kennen und lieben. Eine Wendung, wie sie nicht nur den Howardschen Romanen zuwiderläuft, sondern auch der Faschismusthese etwas die Spitze nimmt. Conan kann seine Erfüllung nicht nur auf dem Schlachtfeld finden, sondern ist durchaus zu einer Liebesbeziehung fähig. Freilich kann es dazu nur kommen, weil Valeria im Grunde eine Art weiblicher Conan darstellt.
Nach einigen erstaunlich zurückhaltend inszenierten Liebesszenen nimmt die eigentliche Handlung ihren Fortgang:

Der ob ihres Diebstahls verblüffte König Osric (Max von Sydow) verspricht dem Trio eine hohe Belohnung, wenn sie seine Tochter (Valerie Quennessen) aus den Fängen Thulsa Dooms befreien. Ein Alleingang Conans mißlingt. Er wird erkannt, gefangengenommen und am »Baum des Leids« gekreuzigt. Von Subotai gerettet und durch einen Magier (Mako) kuriert, versucht es Conan noch einmal, diesmal mit Unterstützung seiner Freunde. Der Plan gelingt, aber Valeria wird von einem Schlangenpfeil Dooms getötet. Als geisterhafte Walküre steht sie ihrem Geliebten ein letztes Mal bei: Conan vernichtet Dooms Armee und köpft unter den Blikken zahlloser Pilger den Hohenpriester, wie dieser einst seine Mutter geköpft hat.

Technisch vermochte der Film durchaus zu überzeugen. Milius, der seine Akteure in asiatischen Kampfsportarten schulen ließ, verlieh den Kämpfen einen beinahe schon ästhetischen Ballettcharakter. Ron Cobbs Ausstattung war sehr opulent und spiegelte die typische, hier vielleicht gerechtfertigte Megalomanie Dino de Laurentiis'. Auch das Thema von *Conan* lag durchaus im Trend: Die zahllosen religiösen Bezüge etwa, die bei Milius (und platter noch in *The Sword and the Sorcerer)* auftauchen, waren weniger eine Anspielung auf das gegenwärtige Sektenunwesen, wie es manche Kritiker sehen wollten, als vielmehr die konsequente Fortführung der Gedanken in *Excalibur*.

Für einen Fantasy-Film jedoch blieb die Gewaltoper zu sehr im Konventionellen stecken. Mythische Atmosphäre enthält *Conan* so gut wie keine; die einzig gelungene Szene in dieser Hinsicht plagiiert recht schamlos *Kwaidan* (Japan 1963) und *Raiders of the Lost Ark* (Jäger des verlorenen Schatzes, USA 1981). Da ferner die beeindruckende physische Präsenz Arnold Schwarzeneggers kaum eine Entsprechung in seiner Schauspielkunst fand, war das gesamte Bemühen Milius' um tiefergehende Motivationen unter dem Strich nur vergebliche Liebesmüh.

Das kommerzielle Schicksal war dementsprechend. Mit 300 Kopien und einer enormen PR-Kampagne gestartet, erzielte der Film bei seiner deutschen Premiere famose Einspielergebnisse – in der ersten Woche überrundete er noch *E.T.* Bereits vier Wochen später aber hatte, wie in den

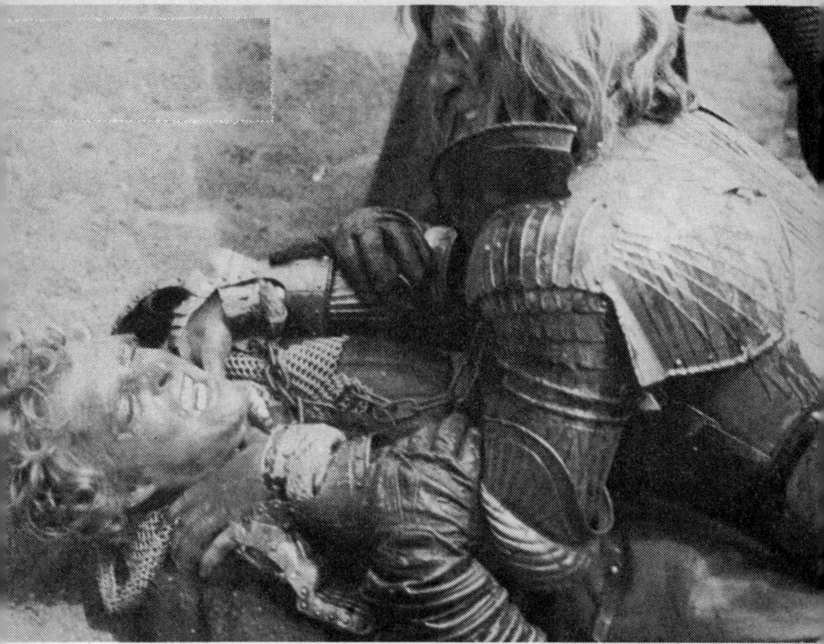

›The Sword and the Sorcerer‹ (Talon im Kampf gegen das Imperium, USA 1982)

USA, die eminent negative Mundpropaganda ihren Teil getan: Ohne großes Aufsehen verschwand *Conan* so blitzartig, wie er hereingebrochen war. Nichtsdestotrotz steht für August 1984 eine Fortsetzung, *Conan 2 – King of the Thieves* (Conan 2 – König der Diebe), ins Haus.
Hart auf dem Fuße Arnold Schwarzeneggers folgten die Nacheiferer. Mangels eigenen Stils begnügten sich deren Regisseure in der Regel jedoch damit, erfolgreiche Vorlagen um einige Grade schlechter zu kopieren. Das gleichsam übernommene Pathos rutschte dadurch endgültig ins Lächerliche. Auch die Drehbücher waren oftmals recht unbeholfen, die stereotypen Rachegeschichten der Filme verlie-

fen dabei streng schematisch: Nach einer schwerfälligen Einleitung rollte eine konfuse Story ab, die dann in der Regel auf ein Deus-ex-machina-Ende zurückgreifen mußte, um die verstrickten Geschehnisse zu entwirren.
Die zweifelhafte Ehre, der erste zu sein, gebührte dabei Albert Pyun, dem es gelang, sein Epos *The Sword and the Sorcerer* (Talon im Kampf gegen das Imperium, USA 1982) noch drei Wochen vor der Weltpremiere von *Conan* zu starten. Prinz Talon von Eh-Dan (Lee Horsley) rächt darin die Ermordung seiner Familie an einem machthungrigen Herrscher und seinem zauberkräftigen Verbündeten. Vier Monate danach hieß Conan plötzlich Dar (Marc Singer), firmierte nun als *The Beastmaster* (Beastmaster – Der Befreier, USA 1982, Regie: Don Coscarelli) und rächte dank seiner Fähigkeit, wilde Tiere kontrollieren zu können, die Ermordung seiner Zieheltern an den blutrünstigen Junn und einem bösen Magier. Wiederum ein halbes Jahr später änderte der Barbar in *Sorceress* (Die Mächte des Lichts, USA 1983, Regie: Brian Stuart) unvermittelt sein Geschlecht und verdoppelte sich zudem in die geistig verbundenen Zwillinge Mira und Mara (Leigh und Lynette Harris), die gegen ihren welteroberungshungrigen Vater antraten, um seinen Mord an der Mutter zu rächen und gleichzeitig dem geplanten Opfertod zu entgehen.
Technisch und vom Budget her unfähig, den großen Vorbildern nacheifern zu können, suchten die Filme ihr Heil in sadomasochistischen Exzessen, kindischen Potenzplatitüden oder einer parodistischen Annäherung an den Stoff. Einzig der recht amüsante *Sorceress* traf dabei jedoch den richtigen Ton. *The Beastmaster,* den der deutsche Verleih noch um 24 Minuten gekürzt hatte, schwankte zwischen unfreiwilliger Komik und Langeweile, während *The Sword and the Sorcerer* nur mehr ärgerlich war.
Größeres Potential steckte dagegen in *Fire and Ice* (Feuer und Eis, USA 1983), für den sich Ralph Bakshi mit dem bekannten Illustrator Frank Frazetta zusammengetan hatte.

Wieder verließ sich Bakshi auf sein erprobtes Animationsrezept: »Die Rotoskopie ist kein Betrug oder eine Abkürzung. ›Nacht auf dem kahlen Berge‹ aus *Fantasia* wurde auf diese Weise hergestellt – hat sich darüber jemals irgendeiner beklagt? Mit der Rotoskopie kann man Realismus in die Ani-

›The Beastmaster‹ (Beastmaster – der Befreier, USA 1982)

mation einbringen, und man kann das entweder gut oder schlecht machen.«

Leider zählte *Fire and Ice* zur letzten Kategorie. Da Frazettas Einfluß bestenfalls in manchen Hintergründen spürbar wurde, verströmte die an sich biedere Geschichte alsbald Langeweile und Ärger über die äußerst plump präsentierte

›Sorceress‹ (Die Mächte des Lichts, USA 1983) – Emanzipation bei den Barbaren

›Fire and Ice‹ (Feuer und Eis, USA 1983) – Nekrons Untermenschen

Ideologie: Arischer Heros des Films ist der junge Krieger Larn, der mit einem mysteriösen Fremden namens Darkwolf gegen die »Untermenschen«-Horden des bösen Gletscherlords Nekron kämpft. Dieser überzieht die Welt gerade mit einer neuen Eiszeit, die die letzten Überlebenden der Menschheit in vulkanisches Gebiet, den »Hort des Feuers« zurückgedrängt hat. Anlaß für Larns Einsatz ist die Entführung der prallbusigen Prinzessin Teegra. Nach einer wirren Hetzjagd, in deren Verlauf Teegra von Larn gerettet wird, dieser gegen ein Tentakelmonster kämpft, von einer hohen Klippe in die Tiefe hechtet und die Prinzessin schließlich doch im Eiskerker landet, entsendet der König des »Horts des Feuers« eine Drachenfalkenarmee. Und gegen Darkwolfs wilde Entschlossenheit (»Wenn du gegen Nekron kämpfst, mußt du lernen, mit dem Schmerz zu leben«) vermögen selbst Nekrons hypnotische Kräfte nichts auszurichten.

Es sollte noch weitaus schlimmer kommen. Nachdem der Bedarf für *Star Wars-, Warriors-* und *Zombie*-Plagiate inzwischen zurückgegangen war, konnten auch die italienischen Produzenten der neuen Barbarenwelle nicht mehr länger widerstehen.

Ator l'invincibile (Ator – Herr des Feuers, I 1982, Regie: David Hills) leitete eine Reihe selbst für C-Film-Standard erstaunlich inkompetent inszenierter Filme ein: Um seine Braut aus den Fängen des Spinnengottes zu befreien, verbündet sich der Held (Miles O'Keeffe) mit einer Amazone (Sabrina Siani), durchdringt das Land der lebenden Toten, stiehlt den Schild des Mordor (!) aus dem Vulkan der Schatten und räumt zum Schluß mit Riesenspinne samt Hohenpriester auf. In der Fortsetzung *Sangraal, la spada di fuoco* (Das Schwert des Barbaren, I 1982, Regie: Pino Buricchi) rächt sein Sohn (Peter McCoy) dann, wie gehabt, die Ermordung seines Vaters durch einen Feuergottkult.

Weitere »Meisterwerke« wie *Gunan il gumero* (Gunan – König der Barbaren, I 1982, Regie: Franco Prosperi) und *The Ironmaster* (Er – stärker als Feuer und Eisen, I/F 1982, Regie: Umberto Lenzi) schlossen sich an. Als Krönung folgte schließlich *Hercules* (Herkules, I 1983, Regie: Luigi Cozzi), den man nur mehr als räudigen SF-Fantasy-Bastard bezeichnen kann. Lou Ferrigno sieht sich darin mit allerlei bedrohlichen Zahnradgebilden und einer rosa blubbernden Gallertmasse konfrontiert. Daneben schleudert er mit Vorliebe Sachen in den Weltraum, wobei dann stets ein neues Sternbild entsteht. Die Fortsetzung *The Adventures of Hercules 2* ist bereits abgedreht.

Fürs erste war die Barbarenwelle damit abgeebbt. Eine gewichtige Rolle spielte dabei sicher die kaum glaubliche Ste-

›Fire and Ice‹

reotypie der Handlung, wie sie vor allem durch die italienischen Dutzendproduktionen immer krasser zum Vorschein kam. Über die starren Schemata der Storys hinaus führten die Filme aber auch in ihrer Kernaussage in eine Sackgasse. Letztendlich konnte Conan, der Barbar, nicht die Lösung der in *Excalibur* angesprochenen existentiellen Gegenwartskrise darstellen, und sei es nur, weil sie den herrschenden ethischen Auffassungen zuwiderlief.

Alle Macht der Phantasie?

Das bloße Konstatieren der Krise und die Formulierung vager Hoffnungen war allerdings nicht die Lösung, die das Publikum erwartete. Am deutlichsten spürte das die nur zwei Monate nach *Excalibur* anlaufende Disney-Coproduktion *Dragonslayer* (Der Drachentöter, GB 1981, Regie: Matthew Robbins). Auch sie malt in teilweise beeindruckenden Bildern ein endzeitliches Mittelalter und schildert die als verhängnisvoll empfundene Niederlage der Magie gegen Wissenschaft und Christentum, freilich im Rahmen einer recht disneytypischen Story.

Nach dem gewaltsamen Ableben des Magiers Ulrich (Ralph Richardson) liegt es an seinem Lehrling Galen (Peter MacNicol), einen das Land terrorisierenden Drachen zu bezwingen. Seine einzige Waffe dabei ist ein Zauberamulett, dessen Macht er nur langsam zu gebrauchen versteht. Gegen den Willen des zaudernden Königs Casiodorus (Peter Eyre) begräbt er das Monster zunächst unter einem Erdrutsch. Als der Drache wütend ausbricht, schmiedet Galen mit Hilfe seiner Freundin Valerian (Caitlin Clarke) einen magisch verstärkten Speer. In der Höhle des brennenden Wassers kämpft Galen gegen den Drachen, vermag ihn aber auch diesmal nicht zu bezwingen. Plötzlich erinnert er sich eines seltsamen Befehls und wirft den Lederbeutel mit Ulrichs Asche ins Wasser. Wie geplant, kehrt dieser daraufhin ins Leben zurück und stellt sich allein auf einem Berggipfel den Angriffen des fliegenden Ungeheuers. Als der Drache ihn in seinen Klauen davonträgt, zerstört Galen auf Ulrichs Befehl das Amulett. In einer gewaltigen Explosion vergehen Drache und Magier, das Ende ihres Zeitalters ist besiegelt.

Dragonslayer war ein technisch beachtlicher Film, der die wilde Naturromantik mit beinahe monty-python-ähnlichen Schilderungen eines bäuerlichen Lebens in Dreck und Ar-

mut zu einem stimmigen und stimmungsvollen Bild des frühen Mittelalters verband, in das sich die düster gehaltenen Farben kongenial einfügten. Auch übertrafen seine erstaunlichen Spezialeffekte jene des zur gleichen Zeit herausgekommenen *Clash of the Titans* bei weitem. So kam für den Drachen neben lebensgroßen Teilmodellen auch der neue Go-Motion-Prozeß zur Anwendung, der den verräterischen »strobing«-Effekt des alten Stop-Motion-Verfahrens durch computergesteuerte Konturenverwischung ausschaltete. Trotz alledem und obwohl beide dasselbe Kernthema aufwiesen, war *Dragonslayer* nicht einmal annähernd so erfolgreich wie *Excalibur.* Zum Teil resultierte das schlechte kommerzielle Abschneiden sicher aus der etwas banalen Handlung, möglicherweise aber auch aus der Hoffnungslosigkeit des Films. Boorman hatte immerhin noch die Möglichkeit angedeutet, daß Excalibur zur rechten Zeit wieder aus dem See auftauchen würde. Bei Robbins dagegen wird die Märchenwelt im furiosen Finale ein für allemal zerstört.
Gerade dieses traurige Flair der Hoffnungslosigkeit wollte das Publikum aber nicht mehr länger akzeptieren. Kurz darauf sagte – wie schon in *Star Wars* – die Phantasie der Phantasielosigkeit einen regelrechten Kampf an: »Je größer und unüberschaubarer die Verhältnisse werden, desto größer werden auch die starken Männer – und desto kleiner und schutzloser die liebenswerten Anti-Helden. Gegen die zerstörerische Gewalt der Erwachsenen, gegen ihre starren Verhaltensnormen und gegen ihre waffenstarrende Wissenschaft kämpfen in den neuen Märchen Kinder und kleine Wesen ... mit Ausdauer, Intelligenz und Mut.« (Gundolf S. Freyermuth)
Die gängige Umschreibung für den modernen Fantasy-Film als »Neues Märchen« ist dabei in doppelter Hinsicht durchaus gerechtfertigt: »Auf einer psychologischen Ebene nämlich lassen sich die meisten Fantasy-Epen lesen als Verkleidungen des Konflikts zwischen Eltern und Kindern, als Aufstand der Kinder gegen die Eltern (zumindest, wie im Mär-

chen, als Aufstand gegen den bösen Teil von elterlicher Gewalt).
Über das symbolische Repertoire der Märchen und Sagen hinausgehend, setzt jedoch die Fantasy die Beziehung zwischen elterlicher und zivilisatorischer Gewalt. So wie man als Jugendlicher heute also elterliche Gewalt und gesellschaftliche Gewalt als Allianz erfahren muß, so muß sich auch die Rebellion gegen beide richten.« (Seeßlen)
Ein typisches Beispiel hierfür ist der Film *Time Bandits* (Time Bandits, GB 1981), den der Monty-Python-Regisseur Terry Gilliam inszeniert hatte. Held der recht skurrilen und für ihr mageres Budget bestechend gestalteten Satire ist der achtjährige Kevin (Craig Warnock), von seinen technikvernarrten Eltern vernachlässigt und als Träumer verschrien. Eines Nachts jedoch personifiziert sich die Macht dieser Träume in seinem Schlafzimmer: Sechs Zwerge purzeln unvermittelt aus dem Kleiderschrank. Einst hätten sie dem »Obersten Wesen« bei der Erschaffung der Welt assistiert, erzählen sie, wären dann aber aufgrund künstlerischer Differenzen in die Abteilung Zeitlochreparatur strafversetzt worden. Nun seien sie mit einer Karte dieser Zeitlöcher ausgezogen, die erfolgreichsten Banditen aller Zeiten zu werden. Ohne Zögern schließt sich Kevin ihnen an. Nach einigen etwas langgezogenen Erlebnissen mit Napoleon (Ian Holm), Robin Hood (John Cleese) und Agamemnon (Sean Connery), in dem Kevin das Idealbild eines Vaters sieht, landen die sieben auf der Titanic. Inzwischen hat aber auch das Böse (David Warner) ein Auge auf die Karte geworfen. Von Technik aller Art ganz besessen, hat es recht eigenwillige Vorstellungen über die Schöpfungsgestaltung: »Ich hätte am ersten Tag Punkt acht mit Lasern angefangen.« Mit einem Strudel saugt es die Freunde ins Land der Legenden, wo in der surrealistischen Festung der Dunkelheit ein (Roger Cormans *The Raven* nachempfundenes) Gefecht um die Karte entbrennt. Die Ritter, Panzer und Laserkanonen, die die Time Bandits gegen das Böse auffahren, beeindrucken

›Time Bandits‹ (Time Bandits, England 1981) – David Warner als technikbesessener Teufel

dieses allerdings nicht sonderlich. Im letzten Moment sorgt das Oberste Wesen (Ralph Richardson) für Ordnung und sendet Kevin schließlich in die reale Welt zurück. Mit dem letzten Überrest des Bösen vergehen dort zugleich Kevins konsumvernarrte Eltern.

Zeichnete *Time Bandits* diese Rebellion noch relativ blutig, beschränkt sich der Zeichentrickfilm *The Last Unicorn* (Das letzte Einhorn, USA/GB/Japan 1982, Regie: Arthur Rankin jr. und Jules Bass) auf eine eher sanfte Rebellion nach Art der Flower-Power-Bewegung – Peter S. Beagles zugrunde liegender Roman datiert aus dem Jahre 1968. Technisch bewegt sich der Film weit unterhalb der Ebene beispielsweise

›The Last Unicorn‹ (Das letzte Einhorn, USA/England/Japan 1982)

eines *The Secret of NIMH*. Seine Animation ist flach und detailarm, Lester Abrams' Charakterdesign des Einhorns sowie Jimmy Webbs Musik sind sehr verkitscht gehalten. Dafür ist die Story für ein Fantasy-Epos erstaunlich intelligent und symbolträchtig.

Wie so viele Helden der neuen Märchen bewegt sich auch das letzte Einhorn in einer Endzeit. Als die letzte Verkörperung der Phantasie zieht es aus, der Menschheit die Phantasie zurückgeben und die Einhörner zu finden, die vom roten Flammenstier König Haggards einst ans Ende der Welt gejagt wurden. Auf seiner Reise wird es mit einer Welt konfrontiert, die Phantasie und Träume aus ihrem Leben verbannt hat: Bauern, denen das Fabeltier begegnet, sehen in ihm nur einen gewöhnlichen Schimmel, und als das zu sorglose Einhorn von der Hexe Mammy Fortuna für ihren Mitternachtskarneval eingefangen wird, muß diese die Menschen erst von seiner Echtheit überzeugen.

›The Last Unicorn‹ – Schmendrick und das Einhorn

›The Last Unicorn‹ – der rote Stier

Begleitet vom Möchtegern-Zauberer Schmendrick und der Räuberbraut Molly Grue erreicht das Einhorn schließlich König Haggards Schloß. Prompt erscheint der rote Stier und nimmt die Jagd auf. Der verzweifelte Schmendrick läßt seiner Macht freien Lauf: »Magie, tu, was du willst!« Das Einhorn verwandelt sich in ein hübsches Mädchen, dem Einzug in Haggards Schloß steht nun nichts mehr im Wege.
Ein sterblicher Mensch geworden, vergißt das einst unsterbliche Einhorn jedoch nach und nach seine Mission und beginnt langsam, die Liebe von Haggards Adoptivsohn Lir zu erwidern. Haggard, der schnell erkennt, was es mit »Lady Amalthia« auf sich hat, bekennt vor ihr den Grund seiner Handlungsweise. Emotionell restlos ausgebrannt, vermag er Freude nur mehr durch die absolute Vergewaltigung der Phantasie zu empfinden. Deshalb hat er mit Hilfe des roten Stiers sämtliche Einhörner einfangen und ins Meer verbannen lassen. Durch eine Zauberuhr in die Höhle des roten Stiers gelangt, verwandelt Schmendrick die zwischen ihren Gefühlen für Prinz Lir und ihrem Pflichtbewußtsein hin- und hergerissene Lady Amalthia zurück in ein Einhorn. Dank Lirs Opfermut treibt das Einhorn den roten Stier ins Meer, und aus den schäumenden Wogen kehren seine Gefährten aufs Land zurück: »Es herrscht wieder Friede auf Erden«. (PR-Slogan)
Christopher Lee, der Sprecher des Königs Haggard, zu *The Last Unicorn:* »Wie alle Märchen stellt der Film Selbstfindungsprozesse ins Zentrum. Auf seiner Reise erfährt das Einhorn die Bedeutung der Worte Schmerz und Trauer. Schmendrick, der Zauberer, lernt, seine Macht, seine Magie zu meistern. Prinz Lir erkennt, daß Heldentum nicht den Sieg über zahllose Drachen bedeutet. In psychologischer, mythologischer und sogar in sexueller Hinsicht kann man sehr viel in den Film hineininterpretieren. Das Einhorn ist z. B. mehr als die Verkörperung des Weiblichen. Denken Sie an sein Horn, das ja eigentlich ein Phallussymbol darstellt. Es ist doch sehr bezeichnend, daß sich das Einhorn,

als es im Verlauf der Geschichte in die schöne Lady Amalthia transformiert wird, in diesem Körper nicht zurechtfindet.« Der Film bedient sich so ganz bewußt und gelegentlich auch auf ironische Weise klassischer Märchenmotive. In seiner Personenkonfiguration ähnelt er z. B. sehr deutlich *The Wizard of Oz,* er kehrt die Moral des Fleming-Films aber auf den Kopf: Die Realität ist nicht das einzig wichtige, ebenso entscheidend ist die Phantasie.

Bemerkenswert wird *The Last Unicorn* schließlich dadurch, daß der Kampf zwischen Phantasie und Phantasielosigkeit nicht auf einen platten, schwarz-weiß gezeichneten Gut/Böse-Konflikt reduziert wird.

Mit Einschränkungen gilt das auch für *The Dark Crystal* (Der dunkle Kristall, GB 1982), für den sich Jim Henson und Frank Oz – berühmt geworden durch die Muppet-Show und zwei Muppet-Kinoabenteuer – entschieden, eine entsprechend modifizierte »Lord of the Rings«-Variante als Puppenabenteuer durchzuspielen. Dennoch zeigt sich in ihrem Film bereits der (vom SF-Kino übernommene) Trend, den Drang nach großen Bildern zur Manie oder gar zum Selbstzweck geraten zu lassen. Handlung diente nur mehr als ein nötiges, freilich sichtbar lästiges Mittel, des phantastische (und teure) Ambiente vorzuführen.

Unschwer läßt sich in der Ausgangssituation des 25 Millionen Dollar teuren Films der Bezug zur Gegenwart erkennen. Wie auf der Erde liegt die Ursache der Misere lange zurück: Einst, vor 1000 Jahren, während der letzten großen Konjunktion der drei Sonnen, brach ein Splitter aus dem Zentrum der Welt, dem dunklen Kristall, heraus, und die Rasse der Urskeks spaltete sich in zwei Teile. Seither überzogen die militaristischen Skekse den ehemals blühenden Planeten mit Tod und Verwüstung, während die friedfertigen UrRu in einem abgeschiedenen Winkel der Welt ihren philosophischen Gedankengängen nachhingen. Doch erneut rückt der Tag der großen Konjunktion heran, und die Skekse fürchten um ihre Herrschaft. Ein kleiner Gelfling, so

›The Dark Crystal‹ (Der dunkle Kristall, England 1982)

weissagt eine uralte Prophezeiung, wird den Kristall heilen und ihre Macht für immer brechen.
Dieser Auserwählte ist der junge Jen, der einst dem Pogrom der Skekse entgangen war und nun von seinem sterbenden UrRu-Mentor ausgesandt wird, die Scherbe des dunklen Kristalls zu finden. Bei der einäugigen Astronomin Aughra fündig geworden, trifft Jen auf seinem weiteren Weg ins Skekse-Schloß unerwartet auf die Geflingsfrau Kira. Sie begegnen den von den Skekses versklavten Podlingen und entrinnen mehrere Male den Garthim-Soldaten und einem verräterischen Skeks-Renegaten, bevor sie nach einem wilden Ritt auf Windstelzern durch einen unterirdischen Gang endlich in die Kammer des dunklen Kristalls gelangen. Dank Kiras Opfermut gelingt es Jen, den Splitter einzufügen. In einem ungewöhnlichen Finale siegt die Unschuld auf unblutige Weise über die Grausamkeit, das Licht der drei Sonnen trifft den geheilten Kristall und Skekse und UrRu verschmelzen wieder zu einer Rasse. Die zurückbleibenden Gelflinge blicken auf ein neu erblühtes Paradies.
Mochte seine Handlung auch etliche Längen aufweisen, besaß *The Dark Crystal* als purer Augen-Film dennoch einiges an Reiz. Die fremdartige Welt des englischen Illustrators Brian Froud, auf dessen Werken der Film beruhte, war originell und phantasievoll gestaltet; die einzelnen Puppen selbst liebevoll gestaltet, exzellent geführt und mit exzentrischen Charakteren versehen, denen man nur zu deutlich ihren Muppet-Ursprung ansah. »Die Geier-Vogelscheuchen-Skekse, die Maikäfer-Flußkrebs-Garthim, die Walroß-Giraffen-Windstelzer sind tatsächlich fantasievolle Wesen. Die prächtige Fauna und Flora dieser Welt, speziell der blühende und wild wuchernde Urwald, in dem sich Jen und Kira kennenlernen, sind Schöpfungen imaginativer Bildkomposition.« (Hans Gerhold)
Ging das Kalkül mit der Kraft der Bilder in *The Dark Crystal* gerade noch auf, führte es in *Krull* (Krull, GB 1983, Regie: Peter Yates) zu einem eher langweiligen Resultat.

›The Dark Crystal‹ – Faszination des Dämonischen

Einerseits waren die von Stephen Grimes entworfenen Sets, um deren Präsentation der 20-Millionen-Dollar-Film hauptsächlich bemüht war, tatsächlich recht phantasievoll. Sie boten ein Gemisch aus futuristischen, antiken und surrealen Elementen. Der Rest freilich wirkte technisch leider recht primitiv, wobei vor allem die schlampigen Rückprojektio-

›Krull‹ – Ken Marshall und das Fünfklingenschwert

nen störten. Da die Bilder des Films aufgrund dieser Mängel eben nicht sonderlich beeindruckten, zeigten sich um so deutlicher die Schwächen des Drehbuchs.
Unbeholfen werden da die einschlägigen Ingredienzien zu einer episodischen Handlung zusammengerührt: Während der Heirat zwischen Prinz Colwyn (Ken Marshall) und Prinzessin Lyssa (Lysette Anthony) greifen die Truppen des »Unbeschreiblichen Ungeheuers« das Schloß an und entführen Lyssa in dessen Schwarze Festung. Unterstützt vom weisen Ynyr, einem Zauberer, einem Zyklopen und einer Diebesbande macht sich Colwyn daran, den Standort der Schwarzen Festung ausfindig zu machen, die sich bei jedem

Sonnenaufgang an einen anderen Ort teleportiert. Nach Fehlschlägen in der Höhle des Smaragdenen Propheten und dem Sumpf ist der Besuch bei der Witwe im Kristallspinnennetz schließlich erfolgreich. Auf Flammenrössern ans Ziel gelangt, entern sie gerade noch rechtzeitig die Festung. In einem etwas enttäuschenden Höhepunkt bezwingen Colwyn und Lyssa gemeinsam das Ungeheuer, die Festung zerbricht, und die Trümmer verschwinden ins All.

»Aufmerksame Zuschauer werden *Krull* sogleich als die 68. Variation zum Thema mittelalterliche SF erkennen, wo Camelot auf Mittelerde trifft und Erroll Flynn in gerade so viele Sternenkriege verwickelt wird, um Drehbuchautor Stanford

›Krull‹ (Krull, England 1983) – in der schwarzen Festung

Sherman und Regisseur Peter Yates noch vor der Plagiatsklage zu bewahren.« (Richard Corliss)
Ob sich das Genre weiterhin in dieser Richtung bewegen wird, wird das 60-Millionen-Mark-Projekt *Die unendliche Geschichte* (BRD 1984, Regie: Wolfgang Petersen) weisen. Michael Ende, der Autor der überaus erfolgreichen Romanvorlage, befürchtet jedenfalls genau dies: »Dieses Drehbuch hat mit meinem Roman substantiell nichts mehr gemeinsam. Übrig geblieben ist aus der ›Unendlichen Geschichte‹ eine Reihe von Bildern, Schauplätzen und Figuren, denen aber jeder Bedeutungshintergrund entzogen wurde und die dadurch nur noch rein äußerlich mit meinem Buch zu tun haben. Man hat die schwierigen Probleme der Umsetzung des Romans in einen Film dadurch gelöst, daß man die Ursachen der Probleme ganz einfach weggelassen hat. Es ist nun ganz genau das daraus geworden, was ich – wie alle Beteiligten wissen – von allem Anfang an mit allem Nachdruck zu verhindern suchte: Ein spektakulärer, perfekt gemachter, aber wesenloser Fantasy-Film, nach bewährtem amerikanischem Muster.«
Wie auch immer *Die unendliche Geschichte* ausfallen wird, um den Fortbestand des Genres an sich braucht man sich vorerst noch keine Gedanken zu machen. Schon stehen zahllose weitere, groß budgetierte Fantasy-Projekte auf den Ankündigungslisten der Verleiher – der Boom, so scheint es, hat gerade erst begonnen. Bleibt zu hoffen, daß die Macht der Phantasie am Ende nicht nur im Film in eine bessere Welt führt.

Filmographie

Diese Filmographie ist nach Uraufführungsjahren geordnet und umfaßt die wichtigsten und/oder bekanntesten Vertreter des Fantasy-Genres. Innerhalb eines Jahres sind die Filme alphabetisch angeordnet. Hinter dem **fettgedruckten** Originaltitel steht der deutsche Verleihtitel, die Produktionsfirma und das Produktionsland. Ein (F) hinter den Produktionsangaben bedeutet einen Farbfilm. Der Regisseur ist *kursiv* gedruckt. Die Filmographie erhebt keinen Anspruch auf Vollständigkeit.

Die Abkürzungen bedeuten:

P	Produktion	Ba	Bauten
R	Regie	M	Musik
B	Buch	E	Spezialeffekte
LitV	Literarische Vorlage	Ma	Masken
K	Kamera	S	Schnitt
D	Darsteller		

1903

Le Royaume des Fées. P: Star Films/F. R: *Georges Méliès.* BKED: Méliès.
Le Tonnere de Jupiter. P: Star Films/F. R: *Georges Méliès.* BKED: Méliès.

1905

L'Île de Calypso. P: Star Films/F. R: *Georges Méliès.* BKED: Méliès.
Le Palais des Mille et Une Nuits. P: Star Films/F. R: *Georges Méliès.* BKED: Méliès.

1909

Ritorno di Ulisse. P: Special/I.

1910

Les Douze Travaux d'Hercule. P: F. R: *Emile Cohl.*
Hercules and the Big Stick. P: Gaumont/F.
The Minotaur. P: Vitagraph/USA.
I Nibelunghi. P: Milano/I. B: M. Bernacchi.

1911

L'Odissea. P: Milano/I.

1912

Sigfrido. P: Ambrosio/I. R: *Mario Caserini.* K: Angelo Scalenghe.

1913

L'Epopea dei Nibelunghi. P: Ambrosio/I. B: Arrigo Fusta.

1916

The Centaurs. P: USA. R: *Winsor McCay.*

1923

Die Nibelungen. Teil 1: Siegfrieds Tod. Teil 2: Kriemhilds Rache (1924). P: Decla Bioscop/Ufa/D. R: *Fritz Lang.* B: Lang, Thea von Harbou. K: Carl Hoffmann, Günther Rittau. Ba: Otto Hunte, Erich Kettelhut, Karl Vollbrecht. D: Paul Richter, Margarethe Schön, Hanna Ralph, Bernhard Goetzke, Theodor Loos, Hans Adalbert von Schlettow, Georg John, Gertrude Arnold, Rudolf Klein-Rogge.

1924

Peter Pan. P: Famous Players-Lasky/USA. R: *Herbert Brenon.* B: Willis Goldbeck. K: James Wong Howe. E: Roy Pomeroy. D: Betty Bronson, Mary Brian, Ernest Torrence, Cyril Chadwick, Anna May Wong.
The Thief of Bagdad (Der Dieb von Bagdad). P: United Artists/USA. R: *Raoul Walsh.* B: Lotta Woods, Elton Thomas (=Douglas Fairbanks). K: Arthur Edeson. Ba: William Cameron Menzies, Irvin J. Martin. S: William Nolan. E: Hampton DelRuth. D: Fairbanks, Julanne Johnston, Snitz Edwards, Charles Belcher, Anna May Wong, Brandon Hurst, Sojin, Noble Johnson, Sadakichi Hartmann.
The Wizard of Oz. P: Chadwick Pictures/USA. R: *Larry Semon.* B: L. Frank Baum jr., Leon Lee. LitV: L. Frank Baum. K: H. F. Koenekamp, Frank Good, Leonard Smith. Ba: Robert Stevens. S: Sam Zimbalist. D: Dorothy Dwan, Semon, Mary Carr, Charlie Murray, Oliver Hardy, Joseph Swickard.

1925

The Lost World. P: First National/USA. R: *Harry O. Hoyt.* B: Marion Fairfay. LitV: Arthur Conan Doyle. K: Arthur Edeson. Ba: Milton Menasco. S: George McGuire. E: Willis O'Brien. D: Wallace Beery, Lewis Stone, Bessie Love, Lloyd Hughes, Arthur Hoyt, Bull Montana, Margaret McWade, George Bunny.

1926

Maciste all' inferno. P: Olympia/I. R: *Guido Brignone.* K: Ubaldo Arata, Massimo Terzano. E: Segundo de Chomon. D: Umberto Guarracino, Mario Salo, Pauline Polaire, Domenico Serra, Bartolomeo Pagano.

1933

Alice in Wonderland. P: Paramount/USA. R: *Norman McLeod.* B: Joseph L. Mankiewicz, William Cameron Menzies. LitV: Lewis Carroll. K: Bert Glennon, Henry Sharp. Ba: Menzies. M: Dimitri Tiomkin. S: Edward Hoagland. E: Gordon Jennings, Farciot Edouart. Ma: Wally Westmore. D: Charlotte Henry, Richard Arlen, Edna May Oliver, Polly Moran, Gary Cooper, W. C. Fields, Cary Grant, May Robson, Jack Oakie, Alec B. Francis.

1934

Babes In Toyland. P: Hal Roach/USA. R.: *Gus Meins, Charles Rogers.* B: Frank Butler, Nick Grinde; nach der Operette von Victor Herbert und Glen McDonough. K: Francis Corby, Art Lloyd. M: Herbert, McDonough. S: William Terhune, Bert Jordan. D: Stan Laurel, Oliver Hardy, Charlotte Henry, Felix Knight, Henry Kleinbach, Johnny Downs, Marie Wilson, Virginia Karns.

1937

Snow White and the Seven Dwarfs (Schneewittchen und die sieben Zwerge). P: Walt Disney/USA. (F). R-Überwachung: *David Hand.* B: Otto Englander, Merril de Maris, Richard Creedon, Dorothy Ann Blank, Dick Richard, Earl Hurd, Ted Sears, Webb Smith. LitV: Gebrüder Grimm. M: Frank Churchill, Larry Morey, Leigh Harline, Paul J. Smith. Chefanimatoren: Hamilton Luske, Vladimir Tytla, Fred Moore, Norman Ferguson.

1939

The Wizard of Oz (Das zauberhafte Land). P: MGM/USA. (F). R: *Victor Fleming.* B: Noel Langley, Florence Ryerson, Edgar Allan Woolf. LitV: L. Frank Baum. K: Harold Rosson. Ba: Cedric Gibbons. M: Harold Arlen. S: Blanche Sewell. E: Arnold Gillespie. Ma: Jack Dwan. D: Judy Garland, Frank Morgan, Ray Bolger, Bert Lahr, Jack Haley, Margaret Hamilton, Billie Burke, Charley Grapewin.

1940

The Blue Bird. P: Fox/USA. (F). R: *Walter Lang.* B: Ernest Pascal. LitV: Maurice Maeterlink. K: Art Miller, Ray Renahan. Ba: Richard Day, Ward B. Ihnen. M: Alfrd Newman. S: Robert Bischoff. E: Fred Sersen. D: Shirley Temple, Spring Byington, Nigel Bruce, Gale Sondergaard, Helen Ericson, Sterling Holloway.

Fantasia (Fantasia). P: Walt Disney/USA. (F). R-Überwachung: *Ben Sharpsteen.* B: Joe Grant, Dick Huemer. M: Bach, Tschaikowsky, Dukas, Strawinsky, Beethoven, Ponchielli, Mussorgsky, Schubert. Chefanimatoren: Art Babbitt, Norman Ferguson, Ollie Johnston, Ward Kimball, Eric Larson, Josh Meador, Fred Moore, Paul Sutterfield, Don Towsley, Vladimir Tytla.

Pinocchio (Pinocchio). P: Walt Disney/USA. (F). R-Überwachung: *Hamilton Luske, Ben Sharpsteen.* B: A. Battaglia, William Cotrell, Otto Englander, Erdman Penner, Joseph Sabo, Ted Sears, Webb Smith. LitV: Carlo Collodi. M: Leigh Harline, Paul Smith. Chefanimatoren: Arthur Babbitt, Milt Kahl, Ward Kimball, Eric Larson, Fred Moore, Wolfgang Reitherman, Frank Thomas, Vladimir Tytla.

The Thief of Baghdad (Der Dieb von Bagdad). P: Alexander Korda/GB. (F). R: *Ludwig Berger, Michael Powell, Tim Whelan, Zoltan Korda, William Cameron Menzies, Alexander Korda.* B: Miles Malleson, Lajos Biro. K: Georges Périnal. Ba: Vincent Korda. M: Miklos Rozsa. S: William Hornbeck, Charles Crichton. E: Lawrence Butler, Percy Day, Tom Howard. Ma: Guy Pearce. D: Conrad Veidt, Sabu, June Duprez, John Justin, Rex Ingram, Miles Malleson, Mary Morris, Bruce Winston, Hay Petrie, Allan F. Jeayes, Morton Selten.

1946

La Belle et la Bête (Es war einmal ...). P: Discina/F. RB: *Jean Cocteau.* LitV: Madame Leprince de Beaumont. K: Henri Alekan. Ba: René

Moulaert, Carré, Christian Berard. M: Georges Auric. S: Claude Iberia. Ma: Cocteau. D: Jean Marais, Josette Day, Marcel André, Mila Parely, Nane Germon, Michel Auclair.

Kammeny zvetok (Die steinerne Blume). P: Mosfilm /UdSSR. (F). R: *Alexander Ptuschko.* B: Pvel Bashow, Ivan Keller. K: Fedor Proworow. Ba: H. Uger. M: Lev Schwarz. D: Vladimir Druschnikow, Elena Derewschtschikowa, Tamara Makarowa, Mikhail Trojanowskij, A. Kelberer, M. Janschin, N. Temjakow.

1947

Luck of the Irish. P: Fox/USA. R: *Henry Koster.* B: Philip Dunne. K: Joe La Shelle. Ba: Lyle Wheeler, J. Russell Spencer. M: Cyril Mockridge. S: J. Watson Webb jr. E: Fred Sersen. D: Tyrone Power, Anne Baxter, Cecil Kellaway, Lee J. Cobb, James Todd.

1950

Cinderella (Aschenbrödel). P: Walt Disney/USA. (F). R-Überwachung: *Ben Sharpsteen.* R einzelner Segmente: Wilfred Jackson, Clyde Geronimi, Hamilton Luske. B: Ken Anderson, Homer Brightman, Ted Sears, Winston Hibler, Bill Peet, Erdman Penner, Harry Reeves, Joe Rinaldi. LitV: Gebrüder Grimm, Charles Perrault. M: Oliver Wallace, Paul J. Smith. Chefanimatoren: Les Clarks, Marc Davis, Norm Ferguson, Ollie Johnston, Milt Kahl, Ward Kimball, Eric Larson, John Lunsbery, Wolfgang Reitherman, Frank Thomas.

1951

Alice in Wonderland (Alice im Wunderland). P: Walt Disney/USA. (F). R-Überwachung: *Ben Sharpsteen.* R einzelner Segmente: Clyde Geronomi, Hamilton Luske, Wilfred Jackson. B: Milt Banta, Del Connell, William Cotrell, Joe Grant, Winston Hibler, Dick Huemer, Dick Kelsey, Tom Oreb, Bill Peet, Erdman Penner, Joe Rinaldi, Ted Sears, John Walbridge. LitV: Lewis Carroll. M: Oliver Wallace. Chefanimatoren: Les Clarks, Marc David, Norm Ferguson, Ollie Johnston, Milt Kahl, Ward Kimball, Eric Larson, John Lounsbery, Wolfgang Reitherman, Frank Thomas. E: Ub Iwerks.

1952

Sadko (Sadkos Abenteuer). P: Mosfilm/UdSSR. (F). R: *Alexander Ptuschko.* B: K. Isajew. K: Fedor Proworow. M: N. Rimskij-Korsakoff. E: S. Mulin. D: Sergeij Stoljarow, Anna Larionowa, Mikhail Trojanowskij, N. Malischewski, I. Perewersew.

1953

La Bergère et le Ramoneur. P: Les Gemaux/F. (F). R: *Paul Grimault.* B: Jacques Prévert, Grimault. LitV: Hans Christian Andersen. M: Joseph Losma. Chefanimator: Henri Lacam. In einer erweiterten Fassung wurde der Film unter dem Titel **Le roi et l'oiseau** (Der König und der Vogel) 1979 wiederveröffentlicht.

Peter Pan (Peter Pan). P: Walt Disney/USA. (F). R:-Überwachung: *Ben Sharpsteen.* R einzelner Segmente: Wilfred Jackson, Clyde Geronomi, Hamilton Luske. B: Milt Banta, William Cotrell, Winston Hibler, Bill Peet, Erdman Penner, Joe Rinaldi, Ted Sears, Ralph Wright. LitV: James M. Barrie. M: Oliver Wallace. Chefanimatoren: Les Clarks, Marc Davis, Norm Ferguson, Ollie Johnston, Milt Kahl, Ward Kimball, Eric Larson, John Lounsbery, Wolfgang Reitherman, Frank Thomas. S: Donald Halliday. E: Ub Iwerks.

1954

Ulisse (Die Fahrten des Odysseus). P: Lux/Ponti-de Laurentiis/I. (F). R: *Mario Camerini.* B: Franco Brusati, Camerini, Ennio de Concini, Hugh Gray, Ben Hecht, Ivo Perilli, Irwin Shaw. K: Harold Rossen. Ba: Flavio Mogherini. M: Alessandro Cicognini. S: Leo Catozzo. E: Eugen Schüfftan. D: Kirk Douglas, Silvana Mangano, Anthony Quinn, Rossana Podesta, Jacques Dumesnil, Daniel Ivernel.

1956

Ilya Muromez (Ilya Muromez – der Kampf ums goldene Tor). P: Mosfilm/UdSSR. (F). R: *Alexander Ptuschko.* B: Michail Kotschnew. K: Fjodor Proworow, Juri Kun. Ba: E. Kumankow. M: Igor Mororsow. S: El Svidetele. E: Alex Renkow. D: Boris Andrejew, Nelli Myschkowa, Andrej Abrikossow, Natalja Medwedewa, Alexej Schworin, Schukur Burchanow, Georgi Djomin.

1957

Le Fatiche di Ercole (Die unglaublichen Abenteuer des Herkules). P: Oscar/I. (F). R: *Pietro Francisci.* B: Ennio de Concini, Gaio Frattini, Francisci. K: Mario Bava. Ba: Flavio Mogherini. M: Enzo Masetti. D: Steve Reeves, Sylva Koscina, Gianna Maria Canale, Ivo Garrani, Arturo Dominici.
The Land Unknown (Flug zur Hölle). P: Universal/USA. R: *Virgil Vogel.* B: Laszlo Gorog. LitV: Edgar Rice Burroughs. K: Ellis W. Carter. Ba: Alexander Golitzen, Richard Riedel. M: Joseph Gershenson. S: Fred MacDowell. E: Fred Knoth, Orien Ernest, Jack Kevan, Roswell A. Hoffman. D: Jack Mahoney, Shawn Smith, William Reynolds, Douglas Kennedy, Phil Harvey.

1958

Nippon Tanjo. P: Toho/Japan. (F). R: *Hiroshi Inagaki.* B: Toshio Yasumi, Ryuzu Kikushima. K: Kazuo Yamada. E: Eiji Tsuburaya. D: Toshiro Mifune, Yoko Tsukasa, Kyoko Kagawa, Koji Tsuruta, Kinyuo Tanaka.
The Seventh Voyage of Sinbad (Sindbads siebte Reise). P: Morningside/USA/E/GB. (F). R: *Nathan Juran.* B: Kenneth Kolb. K: Wilkie Cooper. Ba: Gil Parrendo. M: Bernard Herrmann. S: Edwin Bryant, Jerome Thoms. E: Ray Harryhausen. D: Kerwin Matthews, Kathryn Grant, Torin Thatcher, Richard Eyer, Alec Mango, Danny Green, Virgilio Teixeira, Harold Kasket, Alfred Brown, Nana de Herrera, Nino Falanga, Luis Guedes.
tom thumb (Der kleine Däumling). P: Galaxy Pictures/USA. (F). R: *George Pal.* B: Ladislas Fodor. LitV: Gebrüder Grimm. K: Georges Périnal. Ba: Elliot Scott. M: Douglas Gamley, Ken Jones. S: Frank Clarke. E: Tom Howard, Gene Warren, Wah Chang. D: Russ Tamblyn, Alan Young, Terry-Thomas, Peter Sellers, Jessie Matthews, June Thorburn, Bernard Miles, Ian Wallace, Peter Bull.

1959

Darby O'Gill and the Little People. P: Walt Disney/USA. (F). R: *Robert Stevenson.* B: Lawrence Edward Watkin. LitV: H. T. Kavanagh. K: Winton C. Hoch. Ba: Carroll Clark. M: Oliver Wallace. S: Stanley Johnson. E: Peter Ellenshaw, Eustace Lycett, Joshua Meador. D: Albert Sharpe, Janet Munro, Sean Connery, Kieron Moore, Estelle Winwood, Jack MacGowran, Jimmy O'Dea.

Ercole e la regina di Lidia (Herkules und die Königin der Amazonen). P: Lux Galatea/Lux/I/F. (F). R: *Pietro Francisci.* B: Ennio de Concini, Francisci. K: Mario Bava. Ba: Massimo Tavazzi. M: Enzo Masetti. S: Mario Serandrei. D: Steve Reeves, Sylva Koscina, Primo Carnera, Sylvia Lopez, Sergio Fantoni, Carlo D'Angelo.
Journey To The Center Of The Earth (Reise zum Mittelpunkt der Erde). P: Fox/USA. (F). R: *Henry Levin.* B: Walter Reisch, C. Brackett. LitV: Jules Verne. K: Leo Tover. Ba: Lyle R. Wheeler, Franz Bachelin, Herman A. Blumenthal. M:Bernard Herrmann. S: Stuart Gilmore, Jack W. Holmes. E: L. B. Abbott, James B. Gordon, Emil Kosa jr. D: Pat Boone, James Mason, Arlene Dahl, Diane Baker, Alan Napier, Thayer David, Peter Ronson, Alan Caillou.
Sleeping Beauty (Dornröschen und der Prinz). P: Walt Disney/USA. (F). R-Überwachung: *Clyde Geronomi.* R einzelner Segmente: Eric Larson, Wolfgang Reitherman, Les Clark. B: Erdman Penner. LitV: Charles Perrault. M: Peter I. Tschaikowsky, George Bruns. S: Roy M. Brewer jr., Donald Halliday. E: Ub Iwerks, Eutache Lycett. Chefanimatoren: Marc Davis, Ollie Johnston, Milt Kahl, John Lounsbery, Frank Thomas.

1960

Gli Amori di Ercole (Die Liebesnächte des Herkules). P: Grandi Schermi Italiani/Contact/I/F. (F). R: *Carlo Ludovico Bragaglia.* B: Continenza & Doria. K: Enzo Serafin. D: Jayne Mansfield, Mickey Hargitay, Massimo Serato, Rossella Como, Moira Orfei.
I Giganti della Tassaglia (Das Schwert des roten Giganten). P: Alexandra/Lyre/I/F. (F). R: *Riccardo Freda.* B: Giuseppe Masini, Mario Rossetti, Ennio de Concini, Freda. K: Vaclav Vich, Raffaele Masciocchi. Ba: Franco Lolli. M: Carlo Rustichelli. S: Otello Colangeli. D: Roland Carey, Ziva Rodann, Massimo Girotti, Alberto Farnese, Luciano Marin, Cathio Caro, Nadine Duca.
Il ladro di Bagdad (Der Gauner von Bagdad). P: Titanus/Lux/I/F. (F). R: *Arthur Lubin.* B: Augusto Frassinetti, Filippo Sanjust, Bruno Vailati. K: Tonino Delli Colli. Ba: Flavio Mogherini. M: Carlo Rustichelli. S: Gene Ruggiero. E: Thomas Howard. D: Steve Reeves, Georgia Moll, Edy Vessel, Arturo Dominici, Daniele Vargas, Georges Chamarat.
The Lost World (Versunkene Welt). P: Fox/USA. (F). R: *Irwin Allen.* B: Allen, Charles Bennett. LitV: Arthur Conan Doyle. K: Winton Hoch. Ba: Duncan Cramer, Walter M. Simonds. M: Bert Shefter, Paul Sawtell. S: Hugh S. Fowler. E: L. B. Abbott, Emil Kosa jr., James B.

Gordon. Ma: Ben Nye. D: Claude Rains, Michael Rennie, Jill St. John, David Hedison, Fernando Lamas, Ray Stricklyn, Jay Novello, Ian Wolfe.
Maciste all' inferno (Maciste, der Rächer der Verdammten). P: Palisade/I. (F). R: *Riccardo Freda.* B: Eddy H. Given, Oreste Biancoli, Piero Pierotti. K: Ricardo Pallotini. S: Ornella Michela. D: Kirk Morris, Hélène Chanel, Angelo Zanolli, Andrea Bosic, Vira Silenti.
Teseo contro il Minotauro (Theseus, Held von Hellas). P: Illiria/I. (F). R: *Silvio Amadio.* B: Alessandro Continenza, Gian Paolo Callegari. K: Aldo Giordani. Ba: Piero Poletto. M: Carlo Rustichelli. S: Nella Nannuzzi. D: Bob Mathias, Rosanna Schiaffino, Alberto Lupo, Rik Battaglia, Nico Pepe, Carlo Tamberlani.
La Vendetta de Ercole (Die Rache des Herkules). P: CFF/Achille Piazzi/Gianni Fuchs/I/F. (F). R: *Vittorio Cottafavi.* B: Mario Piccolo, Archibald Zounds jr. K: Mario Montuori. Ba: Franco Lolli. S: Maurizio Lucidi. E: Jim Danforth. D: Mark Forrest, Broderick Crawford, Eleonora Ruffo, Gaby André, Phillippe Hersent, Sandro Maretti.
The Wizard of Baghdad. P: Clover/USA. (F). R: *George Sherman.* B: Jesse L. Lasky jr., Pat Silvers. K: Ellis W. Carter. Ba: Duncan Cramer, Theobald Holsopple. M: Irving Gertz. S: Saul A. Goodkind. D: Dick Shawn, Diane Baker, Barry Coe, John van Dreelen, Robert F. Simon, Vaughn Taylor, Don Beddoe.

1961

Atlantis – The Lost Continent (Atlantis, der verlorene Kontinent). P: Galaxy/USA. (F). R: *George Pal.* B: Daniel Mainwaring. K: Harold E. Wellman, Ba: George W. Davis, William Ferrari. M: Russell Garcia. S: Ben Lewis. E: A. Arnold Gillespie, Lee LeBlanc, Robert R. Hoag. D: Anthony Hall, Joyce Taylor, Ed Platt, John Dall, Frank DeKova, Jay Novello, Berry Kroeger.
Ercole al centro della terra (Vampire gegen Herakles). P: SPA Cinemat./I. (F). R: *Mario Bava.* B: Alessandro Continenza, Duccio Tessari, Franco Prosperi, Bava. K: Bava, Ubaldo Terzano. Ba: Franco Lolli. M: Armando Trovajoli. S: Mario Serandrei. D: Reg Park, Christopher Lee, Eleonora Ruffo, Giorgio Ardisson, Franco Giacobini, Marisa Belli, Ida Galli.
Ercole alla conquista di atlantide (Herkules erobert Atlantis). P: SPA/Comptoir/I/F. (F). R: *Vittorio Cottafavi.* B: Alessandro Continenza, Duccio Tessari, Cottafavi. K: Carlo Carlini. Ba: Franco Lolli. M: Gino Marinuzzi. S: Maurizio Lucidi. D: Reg Park, Fay Spain, Ettore Manni, Luciano Marin, Laura Atlan.

Maciste contro il vampiro (Macistes größtes Abenteuer). P: Ambrosiana/I. (F). R: *Giacomo Gentilomo, Sergio Corbucci.* B: Corbucci, Duccio Tessari. K: Alvaro Mancori. Ba: Gianni Polidori. M: Angelo Francesco Lavagnino. S: Eraldo da Roma. D: Gordon Scott, Gianna Maria Canale, Leonora Ruffo, Annabella Incontrera, Rocco Vitolazzi, Jacques Sernas.
Maciste, l'uomo piu forte del mondo (Maciste und die Königin der Nacht). P: Leone/I. (F). R: *Antonio Leonviola.* B: Marcello Baldi, Giuseppe Mangione. K: Alvaro Mancori. Ba: Franco Lolli. M: Armando Trovaioli. S: Otello Colangeli. D: Mark Forrest, Morina Orfei, Paul Wynter, Gianni Garko, Enrico Glori, Raffaella Carra, Roberto Miali.
Le meraviglie di Aladino (Aladins Abenteuer). P: Lux/I. (F). R: *Henry Levin.* B: Luther Davis. K: Tonino Delli Colli. Ba: Flavio Mogherini. M: Angelo Lavagnino. S: Gene Ruggiero. D: Donald O'Connor, Noelle Adam, Vittorio de Sica, Aldo Fabrizzi, Michele Mercier.
Mysterious Island (Die geheimnisvolle Insel). P: Ameran/GB/USA. (F). R: *Cy Endfield.* B: John Prebble, Daniel Ullman, Crane Wilbur. LitV: Jules Verne. K: Wilkie Cooper, Egil Woxholt. Ba: Bill Andrews. M: Bernard Herrmann. S: Frederick Wilson. E: Ray Harryhausen. D: Michael Craig, Joan Greenwood, Michael Callan, Gary Merrill, Herbert Lom, Nigel Green.
Ulisse contro Ercole (Herkules, der Sohn der Götter). P: Compagnia Cinematografica/Fidés/I/F. (F). R: *Mario Caiano.* B: Andre Tabet, Caiano. K: Alvaro Mancori. Ba: Piero Filippone. M: Angelo Francesco Lavagnino. S: Renato Cinquini. E: Galliano Ricci. D: Georges Marchal, Michael Lane, Alessandra Panaro, Gianni Santuccio, Yvette Lebon, Eleonora Bianchi.

1962

Arrivano i titani (Kadmos, Tyrann von Theben). P: Vides/Films Ariane/Filmsonar/I/F. (F). R: *Duccio Tessari.* B: Ennio de Concini, Tessari. K: Alfio Contini. Ba: Ottvio Scotti. M: Carlo Rustichelli. S: Renzo Lucidi. E: Joseph Natanson. D: Pedro Armendariz, Giuliano Gemma, Antonella Lualdi, Jacqueline Sassard, Gérard Sèety, Serge Nubret, Tania Lopert.
La freccia d'oro (Der goldene Pfeil). P: Titanus/I. (F). R: *Antonio Margheriti.* B: Bruno Vailati, Augusto Frassinetti, Filippo Sanjust, Giorgio Prosperi, Giorgio Alorio. K: Gabor Pogany, Ba: Flavio Mogherini. M: Mario Nascimbene. S: Mario Serandrei. D: Tab Hunter, Rossana Podesta, Umberto Melnati, Giustino Durano, Mario Feliciani.

Jack the Giant Killer (Der Herrscher von Cornwall). P: Zenith/United Artists/USA. (F). R: *Nathan Juran.* B: Orville H. Hampton, Juran. K: David S. Horsley. Ba: Fernando Carrere, Frank McCoy. M: Paul Sawtell, Bert Shefter. S: Grant Whytock. E: Howard A. Anderson, Jim Danforth, David Pal. Ma: Charles Gemora. D: Kerwin Mathews, Judi Meredith, Torin Thatcher, Walter Burke, Roger Mobley, Don Beddoe, Barry Kelley.

Maciste contro i mostri (Germanicus in der Unterwelt). P: E.U.R. Cinemat./I. R: *Guido Malatesta.* B: Arpad de Riso. K: Giuseppe La Torre. S: Enzo Alfonsi. D: Reg Lewis, Margaret Lee, Luciano Marin, Myra Kent, Andrea Akreli.

The Magic Sword. P: Bert I. Gordon/USA. (F). R: *Gordon.* B: Bernard Schoenfeld. K: Paul Vogel. Ba: Franz Bachelin. M: Richard Markowitz. S: Harry Gerstad. E: Gordon, Flora Gordon, Milt Rice. D: Basil Rathbone, Estelle Winwood, Anne Helm, Gary Lockwood, Liam Sullivan, Jack Kosslyn, Vampira, Richard Kiel.

Perseo l'invincibile (Perseus – der Unbesiegbare). P: Bristolfi/Copercines/I/E. (F). R: *Alberto de Martino.* B: Mario Guerra, Luciano Martino, José Mallorqui. K: Dario Di Palma, Eloy Mella. M: Carlo Franci, Manuel Parada. S: Otello Colangeli. D: Richard Harrison, Anna Rannalli, Leo Anchoriz, Arturo Dominici, Elisa Cegani.

The Wonderful World of the Brothers Grimm (Die Wunderwelt der Gebrüder Grimm). P: MGM/UA. (F). R: *George Pal, Henry Levin.* B: David P. Harmon, Charles Beaumont, William Roberts. K: Paul C. Vogel. Ba: George W. Davis, Edward Carfagno. M: Leigh Harline. S: Walter Thompson. E: Gene Warren, Wah Chang, Tim Barr, Robert R. Hoag, Jim Danforth. D: Laurence Harvey, Karl Böhm, Claire Bloom, Yvette Mimieux, Russ Tamblyn, Walter Brook, Terry-Thomas, B. Hackett.

1963

Captain Sinbad (Kapitän Sindbad). P: King Bros./USA. (F). R: *Byron Haskin.* B: Samuel B. West, Harry Relis. K: Günter Senftleben, Eugen Schüfftan. Ba: Werner und Isabelle Schlichting. M: Michael Michelet. S: Robert Swink. E: Lee Zavitz, Augie Lohman. D: Guy Williams, Heidi Brühl, Pedro Armendariz, John Crawford, Abraham Sofaer, Helmut Schneider.

Daitozoku (Der Löwe des gelben Meeres). P: Toho/Japan. (F). R: *Senkichi Taniguchi.* B: Takeshi Kimura. K: Shinichi Sekizawa. M: Masaru Sato. E: Eiji Tsuburaya. D: Toshiro Mifune, Makoto Satoh, Jun Fanado, Ichiro Arishima.

Ercole l'invincibile (Der größte Sieg des Herkules). P: Metheus/Italien. (F). R: *Alfredo Mancori.* B: Kirk Mayor, Pat Klein, Mancori. K: Claude Haroy. S: Frank Boberston. D: Dan Vadis, Spela Rozin, Carla Calo, Ken Clark, Jon Simons, Jeanette Barton.
Ercole sfida Sansone (Herkules, Samson und Odysseus). P: I.C.D./I. (F). RB: *Pietro Francisci.* K: Silvano Ippoliti. Ba: Giorgio Giovannini. M: Angelo Francesco Lavagnino. S: Francisci. D: Kirk Morris, Richard Lloyd, Enzo Cerusico, Liana Orfei, Aldo Giuffrè, Fulvia Franco.
Jason and The Argonauts (Jason und die Argonauten). P: Morningside/ Worldwide/GB. (F). R: *Don Chaffey.* B: Jan Read, Beverley Cross. K: Wilkie Cooper. Ba: Geoffrey Drake. M: Mario Nascimbene. S: Maurice Rootes. E: Ray Harryhausen. D: Todd Armstrong, Nancy Kovack, Gary Raymond, Laurence Naismith, Michael Gwynn, Niall MacGinnis, John Crawford, Honor Blackman.
The Sword in the Stone (Die Hexe und der Zauberer / Merlin und Mim). P: Walt Disney/USA. (F). R: *Wolfgang Reitherman.* B: Bill Peet. LitV: T. H. White. M: George Bruns. S: Donald Halliday. E: Don MacManus, Jack Boyd, Jack Buckley. Chefanimatoren: Frank Thomas, Milt Kahl, Ollie Johnston, John Lounsbery.

1964

Maciste contro gli uomini della luna. P: Nike/Comptoir Francais du Film/ I/F. (F). R: *Giacomo Gentilomo.* B: Arpad de Riso, Nino Scolaro, Gentilomo, Angelo Sangarmano. K: Oberdan Trojani. M: Carlo Franci. E: Ugo Amadoro. D: Alan Steel, Jany Clair, Anna-Maria Polani, Nando Tamberlani, Delia D'Alberti.
Mary Poppins (Mary Poppins). P: Walt Disney/USA. (F). R: *Robert Stevenson.* B: Will Walsh, Don DaGradi. K: Edward Colman. Ba: Carroll Clarke, William H. Tuntke. M: Richard und Robert Sherman. S: Cotton Warburton. E: Peter Ellenshaw, Eustace Lycett, Robert A. Mattey. D: Julie Andrews, Dick van Dyke, David Tomlinson, Glynis Johns, Hermione Badderly, Karen Dotrice, Matthew Garber, Elsa Lanchester.
Il Trionfo di Ercole (Der stärkste Mann der Welt). P: Cinematografica/ Jacques Leitienne/Unicite/I/F. (F). R: *Alberto de Martino.* B: Roberto Gianvita, Alessandro Ferrau. K: Pier Ludovico Pavoni. D: Dan Vadis, Moira Orfei, Pierre Cressoy, Piero Lulli, Marilu Tolo.

1966

Daimajin. P: Daiei/J. (F). R: *Kimiyoshi Yasuda.* B: Tetsuro Yoshida. K: Fujio Morita. M: Akira Ifukube. S: Hirochi Yamada. E: Yoshiyuki Kuroda. D: Miwa Takada, Yoshihiko Aoyama, Jun Fujimaki, Ryutaro Gomi, Tatsuo Endo.
Kairyu Daikessen. P: Toei/J. (F). R: *Tetsuya Yamauchi.* B: Masar Igami. K: Motonari Washio. Ba: Seiji Yada. M: Toshiaki Tsushima. D: Hiroki Matsukata, Tomoko Ogawa, Ryutaro Otomo, Bin Amatsu.
Die Nibelungen. P: CCC/Avala/BRD/Jugoslawien. (F). R: *Harald Reinl.* B: Harald G. Petersson, Reinl, Ladislas Fodor. K: Ernst W. Kalinke. Ba: Isabella und Werner Schlichting, Alfred Schulz. M: Rolf Wilhelm. S: Hermann Haller. D: Uwe Beyer, Maria Marlow, Rolf Henninger, Karin Dor, Siegfried Wischnewski, Herbert Lom, Mario Girotti.

1967

Dr. Dolittle (Dr. Dolittle). P: Apjac/USA. (F). R: *Richard Fleischer.* BM: Leslie Bricusse. K: Robert Surtees. S: Samuel E. Beetley, Marjorie Fowler. D: Rex Harrison, Samantha Eggar, Anthony Newley, Richard Attenborough, Peter Bull, Muriel Landers.
The Gnome-Mobile. P: Walt Disney/USA. (F). R: *Robert Stevenson.* B: Ellis Kadison. K: Edward Colman. M: Buddy Baker. S: Norman Palmer. E: Eustace Lycett, Robert A. Mattey. D: Walter Brennan, Tom Lowell, Matthew Garber, Karin Dotrice, Ed Wynn, Richard Deacon.

1969

The Phantom Tollbooth. P: MGM/USA. (F). R: *Chuck Jones, Abe Levitow.* B: Jones, Sam Rosen. K: Lester Shorr. M: Dean Elliott. Chefanimatoren: Ben Washam, Hal Ambro, George Nicholas.

1971

Bedknobs and Broomsticks (Die tollkühne Hexe in ihrem fliegenden Bett). P: Walt Disney/USA. R: *Robert Stevenson.* B: Bill Walsh, Don DaGradi. K: Frank Phillips. Ba: MacLaren Stewart. M: Richard M. und Robert B. Sherman. S: Cotton Warburton. E: Alex Maley, Eustace Lycett, Danny Lee. D: Angela Lansbury, David Tomlinson, Roddy McDowal, Sam Jaffe, John Ericson, Bruce Forsyth, Cindy O'Callaghan.

Journey Back to Oz. P: Filmation Associates/USA. (F). R: *Hal Sutherland.* B: Fred Ladd, Preston Blair. K: Sergio Antonio Alcazar. M: Sammy Cahn, Jimmy van Heusen. S: Joseph Simon. Chefanimatoren: Rudy Larriva, D. Towsley, Amby Paliwoda.

1973

The Golden Voyage Of Sinbad (Sindbads gefährliche Abenteuer). P: Morningside/USA. (F). R: *Gordon Hessler.* B: Brian Clemens. K: Ted Moore. Ba: John Stoll. M: Miklos Rozsa. E: Ray Harryhausen. D: John Phillip Law, Caroline Munro, Tom Baker, Martin Shaw, Gregoire Aslan, Douglas Wilmer, Kurt Christian, Takis Emmanuel.

1974

The Island at the Top Of The World (Insel am Ende der Welt). P: Walt Disney/USA. (F). R: *Robert Stevenson.* B: John Whedon, Harry Spalding. LitV: Ian Cameron. K: Frank Phillips. Ba: John Mansbridge, Walter Tyler, Al Roelofs. M: Maurice Jarre. D: David Hartman, Donald Sinden, Jacques Marin, Agneta Eckemyr.
The Land That Time Forgot (Caprona – das vergessene Land). P: Amicus/Land/GB. (F). R: *Kevin Connor.* B: James Cawthorne, Michael Moorcock. LitV: Edgar Rice Burroughs. K: Alan Hume. Ba: Maurice Carter. M: Douglas Gamley. E: Derek Meddings, Roger Dicken. D: Doug McClure, John McEnery, Susan Penhaligon, Keith Barron, Anthony Ainley, Godfrey James, Bobby Parr.

1975

Monty Python And The Holy Grail (Die Ritter der Kokosnuß). P: EMI-Python-White/GB. (F). RB: *Terry Gilliam, Terry Jones.* B: Graham Chapman, John Cleese, Eric Idle, Michael Palin. K: Terry Bedford. Ba: Roy Smith. M: Neil Innes, DeWolfe. E: John Horton, Julian Doyle. D: Gilliam, Jones, Chapman, Cleese, Idle, Palin, Innes, John Young, Bee Duffell.

1976

At The Earth's Core (Der 6. Kontinent). P: Amicus/GB. (F). R: *Kevin Connor.* B: Milton Subotsky. LitV: Edgar Rice Burroughs. K: Alan Hume. Ba: Maurice Carter. M: Mike Vickers. S: John Ireland, Barry Peters. E: Ian Wingrove. D: Doug McClure, Peter Cushing, Caroline Munro, Cy Grant, Godfrey James, Sean Lynch, Keith Barron.

1977

Jabberwocky (Jabberwocky). P: Umbrella/GB. (F). R: *Terry Gilliam.* B: Gilliam, Charles Alverson. LitV: Lewis Carroll. K: Terry Bedford. Ba: Roy Smith. M: DeWolfe. S: Michael Bradsell. E: John F. Brown, Effects Assoc. D: Michael Palin, Max Wall, Deborah Fallender, John Le Mesurier, Annette Badland, Warren Mitchell, Brenda Cowling, Dave Prowse, Terry Jones.
The People That Time Forgot (Caprona 2. Teil). P: Amicus/GB/USA. (F). R: *Kevin Connor.* B: Patrick Tilley. LitV: Edgar Rice Burroughs. K: Alan Hume. Ba: Maurice Carter. M: John Scott. E: John Richardson, Ian Wingrove. D: Patrick Wayne, Doug McClure, Sarah Douglas, Dana Gillespie, Thorley Walters, Shane Rimmer.
Sinbad And The Eye Of The Tiger (Sindbad und das Auge des Tigers). P: Andor/USA/GB. (F). R: *Sam Wanamaker.* B: Beverley Cross. K: Ted Moore. Ba: Geoffrey Drake. M: Roy Budd. S: Roy Watts. E: Ray Harryhausen. D: Patrick Wayne, Taryn Power, Margaret Whiting, Jane Seymour, Petrick Troughton, Kurt Christian, Nadim Sawaiha, Damien Thomas.
Wizards (Die Welt in 10 Millionen Jahren). P: Fox/USA. (F). RB: *Ralph Bakshi.* K: Ted C. Bemiller. M: Andrew Belling. S: Donald W. Ernst. Hintergründe: Ian Miller.

1978

The Lord Of The Rings (Der Herr der Ringe). P: Fantasy Films/USA. (F). R: *Ralph Bakshi.* B: Chris Conkling, Peter S. Beagle. LitV: J.R.R. Tolkien. K: Timothy Galfas. M: Leonard Rosenman. S: Donald W. Ernst.
The Thief Of Baghdad (Der Dieb von Bagdad). P: Palm/Victorine/GB/F. (F). R: *Clive Donner.* B: A. J. Carothers. K: Dennis Lewiston. Ba: Edward Marshall. M: John Cameron. E: John Stears, Dick Hewitt, Allan Bryce. D: Roddy McDowall, Kabir Bedi, Peter Ustinov, Terence Stamp, Pavla Ustinov, Marina Vlady, Frank Finlay, Ian Holm.
Warlords Of Antlantis (Tauchfahrt des Schreckens). P: EMI/GB. (F). R: *Kevin Connor.* B: Brian Hayles. K: Alan Hume. Ba: Elliot Scott. M: Mike Vickers. E: George Gibbs, John Richardson. D: Doug McClure, Peter Gilmore, Shane Rimmer, Lea Brodie, M. Gothard, Cyd Charisse.

The Wiz. P: Motown/USA. (F). R: *Sidney Lumet.* B: Joel Schumacher. K: Oswald Morris. Ba: Tony Walton. M: Quincy Jones. S: Dede Allen. E: Albert Whitlock. D: Diana Ross, Michael Jackson, Nipsey Russell, Lena Horne, Richard Pryor, Ted Ross, Mabel King.

1979

Arabian Adventure (Im Banne des Kalifen). P: Badger Films/GB. (F). R: *Kevin Connor.* B: Brian Hayles. K: Alan Hume. M: Ken Thorne. S: Barry Peters. D: Christopher Lee, Milo O'Shea, Oliver Tobias, Emma Samms, Puneet Sira, Peter Cushing, Capucine, Mickey Rooney.

1980

Hawk The Slayer. P: Harry Robertson/GB. (F). R: *Terry Marcel.* B: Marcel, Robertson. K: Paul Beeson. M: Robertson. S: Eric Boyd Perkins. D: Jack Palance, John Terry, Bernard Bresslaw, Ray Charleson, Peter O'Farrell.

1981

Clash Of The Titans (Kampf der Titanen). P: MGM/USA. (F). R: *Desmond Davis.* B:Beverley Cross. K: Ted Moore. Ba: Frank White. M: Laurence Rosenthal. S: Timothy Gee. E: Ray Harryhausen. D: Harry Hamlin, Judi Bowker, Burgess Meredith, Laurence Olivier, Claire Bloom, Maggie Smith, Ursula Andress, T. Pigott-Smith, Neil McCarthy.
Dragonslayer (Der Drachentöter). P: Walt Disney/USA. (F). R: *Matthew Robbins.* B: Robbins, Hal Barwood. K: Derek Vanlint. Ba: Elliot Scott. M: Alex North. S: Tony Lawson. E: Brian Johnson, Dennis Muren, ILM. D: Peter MacNicol, Caitlin Clarke, Ralph Richardson, John Hallam, Peter Eyre, Albert Salmi, Syndney Bromley, Chloe Salaman.
Excalibur (Excalibur). P: Orion/USA. (F). R: *John Boorman.* B: Boorman, Rospo Pallenberg. LitV: Malory, T. H. White. K: Alex Thomson. Ba: Anthony Pratt. M: Trevor Jones. S: John Merritt: D: Nigel Terry, Nicol Williamson, Nicholas Clay, Helen Mirren, Cher Lunghi, Paul Geoffrey, Robert Addie, Gabriel Byrne, Keith Buckley, Katrine Boorman, Liam Neeson, Corin Redgrave.
Fugitive From The Empire (Der Zauberbogen). P: Mad-Dog/USA. (F). RB: *Nicholas Corea.* K: John McPherson. Ba: Lloyd S. Papez. M: Jan Underwood. S: Alan L. Shefland. D: Lane Caudell, Victor Campos, Belinda Bauer, Kabir Bedi, Marc Alaimo, Richard Dix, George Innes.

Heavy Metal (Heavy Metal). P: Ivan Reitman/Leonard Mogel/USA. (F). R: *Gerald Potterton.* B: Dan Goldberg, Len Blum. LitV: Richard Corben, Angus McKie, Dan O'Bannon, Thomas Warkentin, Berni Wrightson. M: Elmer Bernstein, div. Rockgruppen. S: Janice Brown.
Time Bandits (Time Bandits). P: Handmade/GB. (F). R: *Terry Gilliam.* B: Michael Palin, Gilliam. K: Peter Biziou. Ba: Millie Burns. M: Mike Moran. S: Julian Doyle. E: John Bunker. D: Craig Warnock, David Warner, Ralph Richardson, David Rappaport, Kenny Baker, Jack Purvis, Mike Edmonds, Malcolm Dixon, Tiny Ross, Sean Connery, John Cleese, Shelley Duvall, Ian Holm, Michael Palin.

1982

Ator, l'invincibile (Ator – Herr des Feuers). P: Metaxa/Italien. (F). RB: *David Hills.* K: Frederick Slonisco. Ba: John Gregory. M: Maria Cordio. S: David Framer. D: Miles O'Keeffe, Sabrina Siani, Ritza Brown, Edmund Purdom, Laura Gemser.
The Beastmaster (Beastmaster – Der Befreier). P: Leisure Investment/USA. (F). R: *Don Coscarelli.* B: Coscarelli, Paul Pepperman. K: John Alcott. Ba: Conrad E. Argone. M: Lee Holdridge. S: Roy Watts. D: Marc Singer, Tanya Roberts, Rip Torn, John Amos, Josh Milrad, Rod Loomis.
Conan The Barbarian (Conan, der Barbar). P: Dino de Laurentiis/USA. (F). R: *John Milius.* B: Milius, Oliver Stone. LitV: Robert E. Howard. K: Duke Callaghan. Ba: Ron Cobb. M: Basil Poledouris. S: C. Timothy O'Meara. D: Arnold Schwarzenegger, Sandahl Bergman, Gerry Lopez, James Earl Jones, Max von Sydow, Ben Davidson, Cassandra Gaviola, Mako, Valerie Quennessen.
The Dark Crystal (Der dunkle Kristall). P: ITC Entertainment/GB. (F). R: *Jim Henson, Frank Oz.* B: David Odell. LitV: Henson. K: Oswald Morris. Ba: Harry Lange. M: Trevor Jones. S: Ralph Kemplen. VE: Roy Field, Brian Smithies. Puppenspieler: Henson, Oz, Kathryn Mullen, Dave Goelz, Brian Muehl, Jean Pierre Amiel, Kiran Shah.
The Last Unicorn (Das letzte Einhorn). P: Rankin/Bass/USA/GB/Japan. (F). R: *Arthur Rankin jr., Jules Bass.* DB u. LitV: Peter S. Beagle. K: Hiroyasu Omoto. M: Jimmy Webb. S: Tomoko Kida. Chefanimatoren: Toru Hara, K. Yamada.
The Secret OF NIMH (Mrs. Brisby und das Geheimnis von Nimh). P: Don Bluth/USA. (F). R: *Bluth.* B: Bluth, John Pomerloy, Will Finn, Gary Goldman. LitV: Roberet C. O'Brien. M: Jerry Goldsmith. S: Jeffrey Patch. Chefanimatoren: Pomeroy, Goldman.

The Sword And The Sorcerer (Talon im Kampf gegen das Imperium). P: Group 1/USA. (F). R: *Albert Pyun.* B: Pyun, Thomas Karnowski, John Stuckmeyer. K: Joseph Mangine. Ba: George Costello. M: David Whittaker. S: Marshall Harvey. D: Lee Horsley, Kathleen Beller, Simon MacCorkindale, George Maharis, Richard Lynch, Anthony DeLongis.

1983

Fire And Ice (Feuer und Eis). P: Martin Ransohoff/USA. (F). R: *Ralph Bakshi.* B: Roy Thomas, Gerry Conway. K: Francis Grumman. M: William Kraft. Entwürfe: Bakshi, Frank Frazetta. Hintergründe: Jim Gurney, Tom Kinkade.
Hercules (Herkules). P: Cannon/I/USA. (F). RB: *Luigi Cozzi.* K: Alberto Spagnoli. M: Pino Donaggio. S: Sergio Montanari. D: Lou Ferrigno, Sybil Danning, Brad Harris, Mirella D'Angelo. Rossana Podesta, Delia Boccardo.
Krull (Krull). P: Columbia/USA. (F). R: *Peter Yates.* B: Stanford Sherman. K: Peter Suschitzky. Ba: Stephen Grimes. M: James Horner. S: Ray Lovejoy. E: Derek Meddings. D: Ken Marshall, Lysette Anthony, Freddie Jones, Francesca Annis, David Battley, Alun Armstrong, Bernard Bresslaw, Liam Neeson.
Sorceress (Die Mächte des Lichts). P: Hemdale Leisure Corp./USA. (F). R: *Brian Stuart.* B: Jim Wynorski. K: Alex Phillips jr. S: Larry Bock. E: New World Effects. D: Leigh Harris, Lynette Harris, Bob Nelson, David Millbern, Bruno Rey.

Zitatnachweis

Rainer Casper: Kampf der Titanen. In: »Filmbeobachter« Nr. 14. Frankfurt 1982.

Mike Child: Hawk the Slayer. In: »Cinefantastique« Nr. 11/1. Oak Park 1981.

Richard Corliss: Three Cool Sips of Summer. In: »Time« vom 23.8.1983.

– de: Der Sohn von Ali Baba. In: »Evangelischer Filmbeobachter« Nr. 17. München 1953.

Gundolf F. Freyermuth: Fantasy – Die Flucht in phantastische Welten. In: »Stern« Nr. 34. Hamburg 1983.

Peter Gaschler: Kampf der Titanen. In: »Vampir« Nr. 24. Nürnberg 1982.

Jerome von Gebsattel: Peter Pan Or The Boy Who Would Not Grow Up. In: Kindlers Literaturlexikon. Zürich 1970 –.

Hans Gehold: Der dunkle Kristall. In: »film-dienst« Nr. 7. Köln 1983.

René Gilson: Jacques Cocteau. New York 1969.

Rolf Giesen: Caprona 2. Teil. In: »Vampir« Nr. 16. Nürnberg 1979.

Ulrich Gregor/Enno Patalas: Geschichte des Films, Band 1: 1895–1939. Reinbek bei Hamburg 1976.

Hubert Haslberger: König Artus und sein Reich jenseits der Geschichte (Zu den mythischen Filmen von Rohmer, Bresson, Boorman und Romero). In: »film-dienst« Nr. 22. Köln 1981.

Jason and the Argonauts. In: »Monthly Film Bulletin« Nr. 9. London 1963

Kairyu Daikessen. In: »Uni Japan Quarterly« Nr. 36. Tokio 1966.

Tim Lucas: Heavy Metal. In: »Cinefantastique« Nr. 11/4. Oak Park 1981

Reinhold Reitberger: Walt Disney (= ro ro ro Monographie Nr. 226). Reinbek bei Hamburg 1979.

Jeff Rovin: The Fabulous Fantasy Films. South Brunswick/New York 1977.

Josef Schnelle: Im Banne des Kalifen. In: »film-dienst« Nr. 16. Köln 1979.

Georg Seeßlen: Wider die Zivilisation. In: »Zoom« Nr. 22. Zürich 1982.

Jon Solomon: The Ancient World in the Cinema. Cranbury/London 1978.

Claudius Weil/Georg Seeßlen: Kino des Phantastischen. München 1976.

Bibliographie

Zum eigentlichen Thema existieren nur sehr wenige Veröffentlichungen. Daher wurden in diese Bibliographie noch einige andere Werke aufgenommen, die sich im Rahmen eines anderen Themas etwas ausführlicher mit dem Fantasy-Film befassen.

Richard Barber: King Arthur in History and Legend. London 1973.

Iris Barry: Georges Méliès, Magician and Film Pioneer. New York 1939.

John Brosnan: Movie Magic. The Story of Special Effects In The Cinema. London 1974.

Julien Caunter: How to Make Movie Magic. London 1971.

Gary Gerani: Fantasy Film Femmes. New York 1978.

Rolf Giesen: Der phantastische Film. Ebersberg 1983.

Ray Harryhausen: Film Fantasy Scrapbook. London/New York 1972.

Gail Morgan Hickman: The Films of George Pal. South Brunswick/New York/London 1975.

Tom Hutchinson: Horror and Fantasy in the Cinema. New York 1974.

Jack R. Jones (Hrsg.): Fantasy Film and Their Friends. Oklahoma City 1964.

Dick Manthey (Hrsg.): Die Welt des Fantasy-Films (= Sonderband der Zeitschrift »Cinema«), Hamburg 1981.

Roger Manvell: The Animated Film. London 1954.

Richard Meyers: The World of Fantasy Films. Cranbury/London 1979.

Jeff Rovin: The Fabulous Fantasy Films. South Brunswick/London 1977.

Jeff Rovin: From the Land Beyond Beyond. The Films of Willis O'Brien and Ray Harryhausen. New York 1972.

Georg Seeßlen: Der Abenteurer. Reinbek bei Hamburg 1983.

Georg Seeßlen: Kino des Utopischen. Reinbek bei Hamburg 1980.

Val Warren: Lost Lands, Mythical Kingdoms, and Unknown Worlds. New York 1979.

Claudius Weil/Georg Seeßlen: Kino des Phantastischen. München 1976.

Register

D

E

F

G

N

O

P

R

S

T

U

V

W

Y

Z